CARTEA COMPLETĂ A CHAI

Creați, degustați și îmbrățișați stilul de viață Chai prin 100 de rețete rapide și delicioase

Alecu Tudor

Material cu drepturi de autor ©2024

Toate drepturile rezervate

Nicio parte a acestei cărți nu poate fi utilizată sau transmisă sub nicio formă sau prin orice mijloc fără acordul scris corespunzător al editorului și al proprietarului drepturilor de autor, cu excepția citatelor scurte utilizate într-o recenzie. Această carte nu trebuie considerată un substitut pentru sfaturi medicale, juridice sau alte sfaturi profesionale.

CUPRINS

CUPRINS 3
INTRODUCERE 6
SCAUN CLASIC 7
   1. Masala Chai tradițional 8
   2. Ginger Honey Chai 10
   3. Cardamom Rose Chai 12
   4. Chai Kurdi 14
   5. Ceai verde de mentă Chai 16
   6. Nucă de cocos Cardamom Chai 18
   7. Rus Chai _ 20
   8. Chai de migdale cu șofran 22
   9. Chai Latte cu condimente de dovleac 24
   10. Lavanda Earl Grey Chai 26
   11. Saigon Chai 28
   12. Ciocolata Chili Chai 30
   13. Cinnamon Chai cu mere 32
   14. Chai de afine, vanilie 34
   15. Cayenne Chai 36
   16. Chai din Malaezia 38
   17. Cinnamon Butterscotch Chai 40
   18. Chai portocală-nucșoară 42
   19. Masala Chai 44
   20. Vanilie Caramel Chai Latte 46
   21. Chai cu gheață cu pere și scorțișoară 48
   22. Chai cu cuișoare și nucșoară 50
   23. Chai condimentat cu semințe de anason ...52
   24. Vin Romarin Chai 54
   25. Ceai Chai cu nuci din Brazilia 56
   26. Chai cu gheață cu fistic 59
   27. Ceaiul Chai Boba 61
   28. Chai portocaliu bătut 63
   29. Rosy Black Chai 65
   30. Hibiscus Rose Chai 67
   31. Mocktail de ceai arabesc cu fistic 69
   32. Nutty Chai Bliss 71
   33. Hyderabadi Dum Chai 73
MIC DEJUN 75
   34. Terci de Chai Latte 76
   35. Ciocolată caldă condimentată Chai 78
   36. Clătite Chai cu dovleac 80
   37. Fulgi de ovaz condimentati infuzat cu Chai ...82

38. Pâine prăjită franțuzească condimentată cu Chai 84
39. Briose Chai Latte cu Streusel cu condimente Chai 86
40. Granola Super Chunky condimentată cu Chai 89
41. Vafe Chai cu sirop de crema de banane 92
42. Biscotti Chai cu stropi de ciocolată albă 95
43. Cruffini cu condimente Chai 98
44. Rulouri cu scorțișoară condimentat Chai 102
45. Pâine condimentată Chai 105
46. Gogoși cu cidru de mere condimentat Chai 108

GUSTĂRI 111

47. Biscuiți cu condimente Chai 112
48. Churros condimentat Chai 114
49. Biscuiți cu condimente Chai 117
50. Madeleine condimentate cu Chai 119
51. Nuci prăjite condimentate Chai 122
52. Mix de arțar Chai Chex 124
53. Orez condimentat Chai Krispie 127
54. Bile energetice Chai Spice 129
55. Snickerdoodles condimentat cu Chai 131
56. Popcorn condimentat pe plită 134
57. Masala Papad 136
58. Nuci Masala prăjite 138
59. Migdale și caju prăjite cu condimente Chai 140
60. Nuci prăjite condimentate Chai 142
61. Poppers cu naut 144
62. Hummus din nordul Indiei 146

DESERT 148

63. Chai Tea Pot de Crème 149
64. Brownies infuzat cu ceai Chai 152
65. Flan condimentat Chai 154
66. Sandviș cu înghețată cu nuci Chai 156
67. Indian Masala Chai Affogato 159
68. Popsicles Boba Chai-Lapte de Cocos 161
69. Cupcakes Chai Latte 163
70. Masala Chai Panna Cotta 167
71. Budincă de orez cu condimente Chai 169
72. Cheesecake Chai 172
73. Masala Chai Tiramisu 175
74. Chai Spice Apple Crisp 178
75. Trufe de ciocolată cu condimente Chai 181
76. Înghețată Chai 183

COCKTAILURI ȘI MOCKTAILURI 186

77. Cocktail Chai Ginger Bourbon 187

78. Chai Martini 189
79. Chai White Russian 191
80. Vanilla Chai la modă veche 193
81. Rețetă Chai Hot Toddy 195
82. Sangria de Merișoare Chai 197
83. Chai Sparkler 199
84. Limonadă de zmeură Chai 201
85. Ch ai Cooler 203
86. Ceai de șofran și trandafir persan 205
87. Mocktail de ceai picant Baklava 207
88. Ceai de piper roz 209
89. Mocktail de lămâie și ceai 211
90. Chai Tango condimentat 213
91. Ceai de melasa de portocale si rodie 215
92. Mușețel Citrus Bliss 217
93. Hibiscus-ghimbir pe stânci 219
94. Ceai cu gheață din struguri și hibiscus Mocktail 221
95. Ceai cu gheață cu flori de portocal 223
96. Jasmin Jallab 225
97. Reîmprospătare cu ceai beduin egiptean 227
98. Mocktail de ceai inspirat de Vimto 229
99. Ceai de mentă și șofran în stil arab 231
100. tibetan de unt cu fenicul 233

CONCLUZIE 235

INTRODUCERE

Bine ați venit la „Cartea completă a Chai", ghidul dumneavoastră suprem pentru fabricarea, degustarea și îmbrățișarea stilului de viață chai prin 100 de rețete rapide și delicioase. Această carte este o sărbătoare a lumii bogate și aromate a chai-ului, ghidându-vă printr-o călătorie aromată care explorează arta de a face, de a savura și de a încorpora chai-ul în diverse delicii culinare. Alăturați-vă nouă în această aventură aromată care ridică chai-ul de la o băutură iubită la un stil de viață.

Imaginați-vă un spațiu confortabil plin de aroma caldă și primitoare a chai-ului proaspăt preparat, însoțit de delicii delicioase infuzate cu condimente chai. „Cartea completă a lui Chai" nu este doar o colecție de rețete; este o explorare a diverselor arome, condimente și semnificație culturală pe care chai le aduce la masă. Indiferent dacă sunteți un pasionat de chai sau nou în lumea ceaiului condimentat, aceste rețete sunt concepute pentru a vă inspira să savurați esența chai la fiecare înghițitură și mușcătură.

De la masala chai clasică până la deserturi inventive cu infuzie de chai și mâncăruri sărate, fiecare rețetă este o sărbătoare a versatilității și căldurii pe care chai-ul le conferă. Indiferent dacă găzduiești o adunare cu tematică chai sau pur și simplu cauți să-ți îmbunătățești rutina zilnică, această carte este resursa ta pentru a experimenta întregul spectru de arome de chai.

Alăturați-vă nouă în timp ce ne scufundăm în lumea chai, unde fiecare creație este o dovadă a călătoriei reconfortante și aromate pe care iubitorii de chai o prețuiesc. Așadar, luați cana preferată, îmbrățișați condimentele și haideți să pornim într-o aventură delicioasă și plină de chai prin „Cartea completă a Chai".

SCAUN CLASIC

1. Masala Chai tradițional

INGREDIENTE:
- 2 căni de apă
- 2 cani de lapte
- 4 lingurițe de frunze de ceai în vrac sau 4 pliculețe de ceai
- 4 păstăi de cardamom verde, zdrobite
- 1 baton de scortisoara
- 4 cuișoare
- Ghimbir de 1 inch, ras
- Zahăr după gust

INSTRUCȚIUNI:
a) Într-o cratiță, combinați apa, laptele, cardamomul, scorțișoara, cuișoarele și ghimbirul.
b) Aduceți amestecul la fierbere, apoi reduceți focul la mic și fierbeți timp de 5 minute.
c) Adăugați frunzele de ceai sau pliculețele de ceai și fierbeți încă 5 minute.
d) Strecurați chai-ul în cupe și îndulciți cu zahăr după gust.

2. Ginger Honey Chai

INGREDIENTE:
- 2 căni de apă
- 2 cani de lapte
- 4 lingurite frunze de ceai negru sau 4 pliculete de ceai
- 1 lingura de ghimbir proaspat ras
- 2 linguri miere
- Un praf de piper negru (optional)

INSTRUCȚIUNI:
a) Fierbeți apa și laptele împreună într-o cratiță.
b) Adăugați frunzele de ceai sau pliculețele și ghimbirul ras.
c) Se fierbe timp de 7-8 minute, lasand aromele sa se infuzeze.
d) Se ia de pe foc, se strecoară și se amestecă cu miere.
e) Adăugați un praf de piper negru dacă doriți. Se serveste fierbinte.

3.Cardamom Rose Chai

INGREDIENTE:
- 2 căni de apă
- 2 cani de lapte
- 4 lingurițe de frunze de ceai în vrac sau 4 pliculețe de ceai
- 6-8 păstăi de cardamom verde, zdrobite
- 1 lingurita petale de trandafir uscate
- Zahăr după gust

INSTRUCȚIUNI:
a) Aduceți apă, lapte, cardamom și petale de trandafir la fierbere ușor într-o cratiță.
b) Adăugați frunzele de ceai sau pliculețele și lăsați să fiarbă 5-7 minute.
c) Strecurati chaiul si indulciti cu zahar dupa preferinta.
d) Opțional: Ornați cu câteva petale de trandafir uscate înainte de servire.

4.Chai Kurdi

INGREDIENTE:
- 1 lingură frunze de ceai indian
- 1 scorțișoară; băț
- apă, clocotită
- Cubulețe de zahăr

INSTRUCȚIUNI:
a) Puneti ceaiul si scortisoara intr-un ceainic si turnati apa clocotita.
b) Lăsați-l la infuzat timp de 5 minute.
c) Se serveste fierbinte cu cuburi de zahar.

5. Ceai verde de mentă Chai

INGREDIENTE:
- 2 căni de apă
- 2 cani de lapte
- 4 lingurite frunze de ceai verde sau 4 pliculete de ceai verde
- 1 lingura frunze de menta proaspata, tocate
- Ghimbir de 1 inch, ras
- Miere după gust

INSTRUCȚIUNI:
a) Fierbeți apa și laptele împreună într-o cratiță.
b) Adăugați frunze de ceai verde, ghimbir ras și frunze de mentă tocate.
c) Se fierbe timp de 5-7 minute, lasand aromele sa se topeasca.
d) Se strecoară chai, se îndulcește cu miere și se servește fierbinte.

6.Nucă de cocos Cardamom Chai

INGREDIENTE:
- 2 căni de apă
- 1 cană lapte de cocos
- 1 cană de lapte obișnuit
- 4 lingurițe de frunze de ceai în vrac sau 4 pliculețe de ceai
- 4-6 păstăi de cardamom verde, zdrobite
- 2 linguri nucă de cocos mărunțită
- Zahăr după gust

INSTRUCȚIUNI:
a) Într-o cratiță, combinați apa, laptele de cocos, laptele obișnuit, cardamomul și nuca de cocos mărunțită.
b) Aduceți amestecul la fiert, apoi adăugați frunzele de ceai sau pliculețele.
c) Se fierbe încă 5-7 minute.
d) Strecurați chai, îndulciți cu zahăr și bucurați-vă de bunătatea infuzată cu nucă de cocos.

7. Rus Chai

INGREDIENTE:
- 2 căni Tang
- ¾ cană Ceai simplu instant
- 1 cană Zahăr
- 1 lingurita Scorţişoară
- 3 uncii Mix de limonadă Country Time
- ½ lingurita cuişoare
- ½ lingurita Ienibahar

INSTRUCŢIUNI:
a) Amesteca totul.
b) Folosiţi 2 linguriţe pline pe ceaşcă de apă fierbinte.

8.Chai de migdale cu șofran

INGREDIENTE:
- 2 căni de apă
- 2 cani de lapte
- 4 lingurițe de frunze de ceai în vrac sau 4 pliculețe de ceai
- Un praf de șuvițe de șofran
- 1/4 cana migdale, tocate marunt
- Zahăr după gust

INSTRUCȚIUNI:
a) Fierbeți apa și laptele împreună într-o cratiță.
b) Adăugați șuvițele de șofran și migdalele tocate.
c) Lăsați amestecul să fiarbă timp de 5-8 minute.
d) Adăugați frunzele sau pliculețele de ceai, înmuiați, strecurați, îndulciți cu zahăr și serviți.

9.Chai Latte cu condimente de dovleac

INGREDIENTE:
- 2 căni de apă
- 1 cană lapte
- 1/2 cană piure de dovleac conservat
- 4 lingurite frunze de ceai negru sau 4 pliculete de ceai
- 1 lingurita de condiment pentru placinta cu dovleac
- Sirop de arțar sau zahăr după gust

INSTRUCȚIUNI:
a) Combinați apa, laptele, piureul de dovleac și condimentul pentru plăcintă de dovleac într-o cratiță.
b) Se încălzește amestecul până când începe să fiarbă.
c) Adăugați frunzele de ceai sau pliculețele și lăsați la macerat timp de 5-7 minute.
d) Strecurați chaiul, îndulciți cu sirop de arțar sau zahăr și savurați bunătatea inspirată de toamnă.

10. Lavanda Earl Grey Chai

INGREDIENTE:
- 2 căni de apă
- 2 cani de lapte
- 4 lingurițe de frunze de ceai Earl Grey sau 4 pliculețe de ceai Earl Grey
- 1 lingură muguri de lavandă uscați
- 1 lingurita extract de vanilie
- Miere sau zahăr după gust

INSTRUCȚIUNI:
a) Fierbe apa si laptele intr-o cratita.
b) Adăugați frunze de ceai Earl Grey, muguri de lavandă uscați și extract de vanilie.
c) Se fierbe timp de 5-7 minute, lasand aromele sa se infuzeze.
d) Strecurați chaiul, îndulciți cu miere sau zahăr și bucurați-vă de amestecul aromat.

11.Saigon Chai

INGREDIENTE:
- 2 linguri Ceai
- 4 căni apă clocotită
- Roți de lămâie
- 12 Cuișoare întregi
- 12 fructe de padure toate condimentele
- Baton de scorțișoară de 2" inch

INSTRUCȚIUNI:
a) Pune ceaiul într-o oală încălzită; adaugă apă.
b) Adăugați cuișoare, ienibahar și scorțișoară; se lasa la infuzat 5 minute.
c) Se toarnă printr-o strecurătoare peste gheață în pahare înalte.
d) Se ornează cu lămâie.

12.Ciocolata Chili Chai

INGREDIENTE:
- 2 căni de apă
- 2 cani de lapte
- 4 lingurite frunze de ceai negru sau 4 pliculete de ceai
- 2 linguri pudra de cacao
- 1/2 lingurita pudra de chili
- Zahăr după gust

INSTRUCȚIUNI:
a) Într-o cratiță, aduceți apa, laptele, pudra de cacao și pudra de chili la fiert.
b) Adăugați frunzele de ceai sau pliculețele și lăsați la macerat timp de 5-7 minute.
c) Strecurați chai-ul, îndulciți-l cu zahăr și bucurați-vă de căldura bogată, de ciocolată, cu o notă de condiment.

13.Cinnamon Chai cu mere

INGREDIENTE:
- 2 căni de apă
- 2 cani de lapte
- 4 lingurite frunze de ceai negru sau 4 pliculete de ceai
- 1 măr, feliat subțire
- 1 baton de scortisoara
- Zahăr brun sau miere după gust

INSTRUCȚIUNI:
a) Fierbe apa si laptele intr-o cratita.
b) Adăugați frunze de ceai, felii de mere și baton de scorțișoară.
c) Se fierbe timp de 7-10 minute, lasand merele sa se inmoaie si aromele sa se topeasca.
d) Strecurați chai, îndulciți cu zahăr brun sau miere și savurați gustul reconfortant de măr și scorțișoară.

14.Chai de afine, vanilie

INGREDIENTE:
- 2 căni de apă
- 2 cani de lapte
- 4 lingurite frunze de ceai negru sau 4 pliculete de ceai
- 1/2 cană afine proaspete
- 1 lingurita extract de vanilie
- Zahar sau sirop de agave dupa gust

INSTRUCȚIUNI:
a) Într-o cratiță, aduceți apa, laptele, afinele și extractul de vanilie la fierbere ușor.
b) Adăugați frunzele de ceai sau pliculețele și fierbeți timp de 5-7 minute.
c) Strecurați chai-ul, îndulciți-l cu zahăr sau sirop de agave și bucurați-vă de amestecul încântător de note de afine și vanilie.

15. Cayenne Chai

INGREDIENTE:
- 1/8 linguriță pudră de cayenne
- 1 lingura suc proaspat de lamaie
- 1 lingurita miere cruda
- 1 cană apă fiartă

INSTRUCȚIUNI:
a) Puneți pudra de cayenne într-o cană.
b) Turnați apa peste el. Se amestecă imediat
c) Adăugați sucul de lămâie și mierea. Se amestecă din nou pentru a amesteca totul
d) Se răcește și apoi se bea.

16. Chai din Malaezia

INGREDIENTE:
- 8 căni Apa clocotita
- 4 pliculete de ceai verde sau
- 8 lingurite Frunze libere de ceai verde
- ½ lingurita Scorţişoară
- ¼ de lingurita Cardamom măcinat
- 2 linguri Zahăr

INSTRUCŢIUNI:
a) Puneţi toate ingredientele într-un ceainic şi lăsaţi la macerat timp de 2 minute.
b) Se serveste singur sau cu migdale taiate.

17. Cinnamon Butterscotch Chai

INGREDIENTE:
- 1 cană de ceai fierbinte
- 2 Bomboane tari cu unt
- 1 lingura Miere
- ½ lingurita Suc de lămâie
- 1 Bat de scortisoara

INSTRUCȚIUNI:
a) Amestecați până când bomboanele se topesc sau îndepărtați bucățile rămase înainte de a le bea

18.Chai portocală-nucșoară

INGREDIENTE:
- 1 cană Pudră de ceai instant
- 1 cană Zahăr
- 0,15 uncii amestec de băuturi cu aromă de portocale
- 1 lingurita Nucșoară măcinată

INSTRUCȚIUNI:
a) Într-un bol, combinați toate ingredientele; se amestecă până se omogenizează bine.

19. Masala Chai

INGREDIENTE:
- 6 căni -Apă rece
- ⅓ cană Lapte
- Baton de 3" scortisoara
- 6 Cardamomi verzi, întregi
- 4 Cuișoare, întregi
- 12 Piper negru
- 12 lingurite Zahăr
- 9 pliculete de ceai de portocale pekoe

INSTRUCȚIUNI:
a) Se amestecă apa și laptele într-o tigaie și se aduce la fierbere.
b) Adăugați condimentele și zahărul.
c) Amestecați pentru a omogeniza și opriți focul.
d) Acoperiți tigaia și lăsați condimentele să se înmoaie timp de 10 minute.
e) Adăugați frunzele de ceai sau pliculețele de ceai și aduceți apa la al doilea clocot.
f) Reduceți focul și fierbeți, acoperit, timp de 5 minute.
g) Se strecoară ceaiul într-un ceainic cald și se servește imediat.

20. Vanilie Caramel Chai Latte

INGREDIENTE:
- 2 căni de apă
- 2 cani de lapte
- 4 lingurite frunze de ceai negru sau 4 pliculete de ceai
- 2 linguri sirop de caramel
- 1 lingurita extract de vanilie
- Zahăr după gust

INSTRUCȚIUNI:
a) Combinați apa, laptele, siropul de caramel și extractul de vanilie într-o cratiță.
b) Se încălzește amestecul până când începe să fiarbă.
c) Adăugați frunzele de ceai sau pliculețele și lăsați-o la infuzat timp de 5-7 minute.
d) Strecurați chai-ul, îndulciți-l cu zahăr dacă doriți și bucurați-vă de chai latte-ul cu caramel cu vanilie.

21.Chai cu gheață cu pere și scorțișoară

INGREDIENTE:
- ½ cană suc de pere neîndulcit
- 1 baton de scortisoara
- 1 lingura suc de lamaie
- 2 ½ linguri nectar de agave
- 2 linguri de ghimbir proaspăt, tocat
- 6 pliculete de ceai negru
- 6 căni de apă

INSTRUCȚIUNI:
a) Într-o tigaie, aduceți apa la fierbere.
b) Opriți focul și puneți în baton de scorțișoară și pliculețe de ceai.
c) Lăsați-l la infuzat timp de cinci până la șapte minute.
d) scapă de pliculețe de ceai și pune-le în restul ingredientelor.
e) Răciți timp de 2 ore înainte de a servi.

22. Chai cu cuişoare şi nucşoară

INGREDIENTE:
- 1 lingurita cuisoare macinate
- 1/4 cană amestec de băuturi cu aromă de portocale
- 1/4 cană pudră de ceai instant cu aromă de lămâie
- 1/4 lingurita nucsoara macinata

INSTRUCȚIUNI:
a) Se amestecă toate ingredientele.
b) Mută-te într-un ulcior
c) Se toarnă apă clocotită peste el.
d) Se serveste cald sau rece!

23. Chai condimentat cu semințe de anason

INGREDIENTE:
- 1 linguriță de semințe de anason, zdrobite
- 2 batoane de scortisoara
- 1 inch de ghimbir, feliat
- Miere
- 2 lingurițe de echinaceea vrac uscată

INSTRUCȚIUNI:
a) Combinați condimentele și Echinacea într-o oală cu trei căni de apă.
b) Se aduce la fierbere și apoi se fierbe timp de 18 minute .
c) Se strecoară într-o cană și se adaugă miere .

24.Vin Romarin Chai

INGREDIENTE:
- 1 Sticlă de limpede
- 4 cesti de ceai negru precum Assam sau Darjeeling
- ¼ cană miere blândă
- ⅓ cană de zahăr
- 2 Portocalele tăiate subțiri și fără semințe
- 2 Bete de scortisoara
- 6 Cuișoare întregi
- 3 Crengute de rozmarin

INSTRUCȚIUNI:
a) Se toarnă vinul și ceaiul într-o cratiță care nu se corodează.
b) Adăugați mierea, zahărul, portocalele, condimentele și rozmarinul.
c) Se fierbe până abia se aburi. Se amestecă până se dizolvă mierea.
d) Luați tigaia de pe foc, acoperiți-o și lăsați-o la infuzat timp de 30 de minute.

25.Ceai Chai cu nuci din Brazilia

INGREDIENTE:
PENTRU LAPTE DE NUCI DE BRAZILIE:
- 1 cană nuci braziliene crude
- 3 căni de apă curată proaspătă
- 2 curmale Medjool, fără sâmburi
- 1 lingurita extract de vanilie
- 2 linguri de unt de cocos

PENTRU MASALA CHAI:
- Bucată de 2 inci de baton de scorțișoară
- 2 bucăți de anason stelat
- 10 păstăi de cardamom verde, zdrobite
- 6 cuișoare întregi
- 10 boabe întregi de piper negru
- 6 felii subțiri rotunde de ghimbir proaspăt
- 2 căni de apă curată proaspătă
- 3 lingurițe de frunze de ceai negru în vrac

INSTRUCȚIUNI:
PENTRU LAPTE DE NUCI DE BRAZILIE:
a) Puneți nucile braziliene într-un castron și acoperiți-l cu apă curată.
b) Lăsați să stea timp de 6 ore sau peste noapte .
c) Amestecați nucile cu 3 căni de apă, 2 curmale, vanilie și unt de cocos .
d) Se amestecă la viteză mare timp de aproximativ 1 minut.
e) Puneți o sită peste un recipient curat.
f) Puneți o cârpă de brânză peste strecurătoare .
g) Turnați laptele amestecat peste cârpă.

PENTRU MASALA CHAI:
h) Combinați toate condimentele într-o oală cu apa.
i) Se încălzește amestecul la fierbere, apoi se reduce focul la fierbere.
j) Se fierb condimentele timp de 5 minute. Opriți căldura.
k) Se amestecă frunzele de ceai negru și se lasă la infuzat timp de 10 minute. Se strecoară printr-o sită.
l) Se măsoară 1 cană/ 250 ml de lapte de nuci într-un castron.
m) Se toarnă încet 1/2 cană/125 ml de apă fierbinte, condimentată în lapte, amestecând continuu.
n) Apoi adăugați încet amestecul de lapte și apă înapoi în restul de apă condimentată.

26.Chai cu gheață cu fistic

INGREDIENTE:
- 2 plicuri de ceai negru Assam
- 2 căni de apă fierbinte
- 1 lingurita conserva de trandafiri
- 2 lingurițe Fistic albiți și tăiați
- 2 cuișoare
- Scorțișoară de 1/2 inch
- 1 cardamom
- 1 lingurita zahar optional
- 1 praf de șofran
- 6 cuburi de gheață

INSTRUCȚIUNI

a) Congelați paharele de servire timp de 10 minute .
b) Legați condimentele întregi și ceaiul într-o cârpă de muselină.
c) Aduceți apa la fierbere. Adăugați cârpa de muselină în apa clocotită.
d) Lăsați pliculețele de ceai și plicul de condimente la înmuiat timp de 5 minute .
e) Se strecoară într-un castron. Adăugați conserva de trandafiri și zahăr suplimentar .
f) Se amestecă jumătate de fistic și se amestecă bine.
g) Se toarnă în paharele congelate.
h) Mai puneți câteva cuburi dacă este necesar. Acoperiți cu fisticul și șofranul rămas.
i) Serviți imediat rece.

27.Ceaiul Chai Boba

INGREDIENTE:
- 1 cană apă fierbinte
- 2 plicuri de ceai de chai
- 1-2 linguri zahăr brun
- ⅛ cană lapte
- ⅛ cană lapte evaporat
- ¼ cană perle de tapioca

INSTRUCȚIUNI:
a) Aduceți o cană de apă la fiert.
b) Adăugați 2 pliculețe de ceai chai și lăsați la infuzat timp de 5 minute.
c) Se toarnă într-un pahar și cât este încă fierbinte amestecă 1-2 linguri de zahăr brun, în funcție de cât de dulce vrei.
d) Apoi adăugați laptele evaporat și laptele normal și amestecați.
e) Apoi adăugați perle de tapioca.

28.Chai portocaliu bătut

INGREDIENTE:
- 3 căni Ceai foarte tare
- ½ cană Suc de portocale
- ⅓ cană Suc de lămâie
- 1 lingurita Zahăr
- 2 căni Ghimbir
- Mentă
- Felii de portocală

INSTRUCȚIUNI:
a) Combinați ceaiul, sucul de portocale, sucul de lămâie și zahărul. Chill.
b) Adăugați 2 căni de bere de ghimbir.
c) Se toarnă peste gheață.
d) Se ornează cu mentă și felii de portocală. Randament: 6 băuturi.

29. Rosy Black Chai

INGREDIENTE:
- 2 părți petale de trandafir
- 1 parte ceai negru

INSTRUCȚIUNI:
a) Puneți petalele de trandafir și ceaiul negru într-un borcan de sticlă.
b) Agitați până se amestecă bine. Pentru o porție puneți o linguriță de ceai într-o strecurătoare.
c) Pune sita în cana ta preferată. Se toarnă opt uncii de apă clocotită peste ceai.
d) Lăsați la infuzat nu mai mult de 5 minute. Scoateți ceaiul și bucurați-vă.

30. Hibiscus Rose Chai

INGREDIENTE:
- 2 căni de apă
- 2 cani de lapte
- 4 lingurite frunze de ceai negru sau 4 pliculete de ceai
- 2 linguri petale de hibiscus uscate
- 1 lingura petale de trandafir uscate
- Zahăr sau miere după gust e

INSTRUCȚIUNI:
a) Aduceți apă, lapte, petale de hibiscus și petale de trandafiri la fierbere ușor într-o cratiță.
b) Adăugați frunzele de ceai sau pliculețele și fierbeți timp de 5-7 minute.
c) Strecurați c haiul, îndulciți cu zahăr sau miere și bucurați-vă de infuzia florală.

31. Mocktail de ceai arabesc cu fistic

INGREDIENTE:
- 2 căni de ceai negru arab puternic, preparat
- ¼ cană fistic decojit, zdrobit
- 2 linguri de miere sau sirop simplu (ajustați după gust)
- ½ linguriță cardamom măcinat
- ¼ lingurita extract de vanilie
- Cuburi de gheata
- Fistic zdrobit pentru ornat
- Frunze de mentă și semințe de rodie pentru decor

INSTRUCȚIUNI:
a) Preparați o ceașcă puternică de ceai negru arab. Puteti folosi frunze de ceai in vrac sau pliculete de ceai, in functie de preferinte.
b) Într-un mojar și pistil sau folosind un robot de bucătărie, zdrobiți fisticul decojit în bucăți grosiere. Pus deoparte.
c) Într-un bol de amestecare, combinați ceaiul negru preparat, fisticul zdrobit, mierea sau siropul simplu, cardamomul măcinat și extractul de vanilie. Se amestecă bine pentru a se amesteca aromele.
d) Lăsați amestecul să se răcească la temperatura camerei. Puteți să-l puneți la frigider pentru o răcire mai rapidă.
e) Odată răcit, umpleți paharele de servire cu cuburi de gheață.
f) Turnați ceaiul infuzat cu fistic peste gheața din fiecare pahar.
g) Ornează fiecare pahar cu un strop de fistic zdrobit, semințe de rodie și câteva frunze de mentă pentru o notă răcoritoare.
h) Amestecați ușor înainte de a sorbit pentru a vă asigura că toate aromele sunt bine combinate.

32.Nutty Chai Bliss

INGREDIENTE:
- 2 căni de ceai Chai fierbinte
- ¼ cană lapte de migdale
- 2 linguri miere
- ¼ lingurita de scortisoara macinata
- ¼ linguriță extract de migdale
- Cuburi de gheata
- Fistic tocat pentru decor

INSTRUCȚIUNI:
a) Preparați ceaiul chai conform instrucțiunilor de pe ambalaj.
b) Într-un castron separat, amestecați laptele de migdale, mierea, scorțișoara măcinată și extractul de migdale.
c) Turnați ceaiul chai preparat în pahare pline cu cuburi de gheață.
d) Turnați ușor amestecul de lapte de migdale peste ceaiul chai.
e) Se amestecă ușor pentru a combina aromele.
f) Se ornează cu fistic tocat.

33. Hyderabadi Dum Chai

INGREDIENTE:
- 1 cană apă
- 2 linguri praf de ceai
- 1 lingura zahar
- 1 inch ghimbir
- 6 păstăi cardamom
- ½ lingurita piper
- 1 inch scorțișoară
- ½ linguriță cuișoare
- 2 cani de lapte

INSTRUCȚIUNI:
a) În primul rând, într-un vas mic, luați 1 cană de apă.
b) Legați o cârpă deasupra folosind o bandă de cauciuc sau ață.
c) Adăugați 2 linguri de praf de ceai, 1 lingură de zahăr, 1 inch de ghimbir, 6 păstăi de cardamom, ½ linguriță de piper, 1 inch de scorțișoară și ½ linguriță de cuișoare.
d) Puneți vasul în aragaz.
e) Adăugați puțină apă pe fundul aragazului.
f) Acoperiți și fierbeți sub presiune timp de 1 fluier sau până când toate aromele sunt absorbite de apă.
g) După ce presiunea scade, stoarceți decoctul din cârpă.
h) Un decoct de ceai puternic este gata.
i) Intr-o cratita se iau 2 cani de lapte si se dau la fiert.
j) Adăugați decoctul de ceai preparat și amestecați bine.
k) Pune ceaiul la fiert.
l) În cele din urmă, bucurați-vă de rețeta dum ki chai cu niște biscuiți.

MIC DEJUN

34. Terci de Chai Latte

INGREDIENTE:
- 180 ml lapte semi-degresat
- 1 lingură zahăr brun ușor moale
- 4 păstăi de cardamom, desfăcute
- 1 anason stelat
- ½ linguriță de ghimbir măcinat
- ½ lingurita de nucsoara macinata
- ½ lingurita de scortisoara macinata
- 1 plic de ovăz

INSTRUCȚIUNI:

a) Puneți laptele, zahărul, cardamomul, anasonul stelat și ¼ de linguriță fiecare de ghimbir, nucșoară și scorțișoară într-o tigaie mică și aduceți la fiert, amestecând din când în când, până când zahărul s-a dizolvat.

b) Se strecoară într-un ulcior, se aruncă condimentele întregi, apoi se întorc în tigaie și se folosește laptele infuzat pentru a găti ovăzul conform instrucțiunilor de pe ambalaj. Se pune într-un castron.

c) Amestecați restul de ¼ de linguriță de fiecare ghimbir, nucșoară și scorțișoară împreună până se combină uniform, apoi folosiți pentru a pudra partea de sus a terciului, folosind un șablon de latte pentru a crea un model unic, dacă doriți.

35.Ciocolată caldă condimentată Chai

INGREDIENTE:
- 2 căni de lapte (lactate sau lapte alternativ)
- 2 linguri pudra de cacao
- 2 linguri de zahar (ajustati dupa gust)
- 1 linguriță de frunze de ceai chai (sau 1 pliculețe de ceai chai)
- ½ lingurita de scortisoara macinata
- ¼ de linguriță cardamom măcinat
- Un praf de ghimbir macinat
- Frisca si un strop de scortisoara pentru decor

INSTRUCȚIUNI:
a) Într-o cratiță, încălziți laptele la foc mediu până când este fierbinte, dar nu dă în clocot.
b) Adăugați frunzele de ceai chai (sau pliculețul de ceai) în lapte și lăsați-l la infuzat timp de 5 minute. Scoateți frunzele de ceai sau pliculețele de ceai.
c) Într-un castron mic, amestecați pudra de cacao, zahărul, scorțișoara, cardamomul și ghimbirul.
d) Se amestecă treptat amestecul de cacao în laptele fierbinte până se omogenizează bine și se omogenizează.
e) Continuați să încălziți ciocolata fierbinte condimentată, amestecând din când în când, până ajunge la temperatura dorită.
f) Turnați în căni, acoperiți cu frișcă și stropiți cu scorțișoară. Serviți și bucurați-vă!

36.Clătite Chai cu dovleac

INGREDIENTE:
- 1 cană de făină universală
- 2 linguri de zahar granulat
- 1 lingurita praf de copt
- ½ lingurita de bicarbonat de sodiu
- ¼ lingurita sare
- 1 lingurita scortisoara macinata
- ½ linguriță de ghimbir măcinat
- ¼ linguriță cuișoare măcinate
- ¼ de linguriță cardamom măcinat
- ¼ lingurita de nucsoara macinata
- 1 cană de zară
- ½ cană piure de dovleac
- ¼ cană lapte
- 1 ou mare
- 2 linguri de unt topit

INSTRUCȚIUNI:
a) Într-un castron mare, amestecați făina, zahărul, praful de copt, bicarbonatul de sodiu, sarea, scorțișoara, ghimbirul, cuișoarele, cardamomul și nucșoara.
b) Într-un alt castron, amestecați zara, piureul de dovleac, laptele, oul și untul topit.
c) Turnați ingredientele umede în ingredientele uscate și amestecați până se omogenizează.
d) Încingeți o tigaie antiaderentă sau grătar la foc mediu și ungeți-o ușor.
e) Turnați ¼ de cană de aluat în tigaie pentru fiecare clătită. Gatiti pana se formeaza bule la suprafata, apoi intoarceti si gatiti inca 1-2 minute.
f) Repetați cu aluatul rămas. Servește clătitele cu o praf de frișcă, un strop de scorțișoară și un strop de sirop de arțar.

37.Fulgi de ovaz condimentati infuzat cu Chai

INGREDIENTE:
- 3 ½ căni de lapte integral, împărțit
- 2 căni de apă
- ¼ lingurita sare
- 2 căni de fulgi de ovăz de modă veche
- 1 lingurita scortisoara macinata
- ½ linguriță de ghimbir măcinat
- ½ linguriță cardamom măcinat
- 4 lingurite de zahar brun inchis

TOppinguri:
- Fructe, semințe și nuci

INSTRUCȚIUNI:

a) Într-o cratiță medie, combinați 3 căni de lapte, 2 căni de apă și sarea. Aduceți amestecul la fierbere, descoperit, la foc mediu-mare, amestecând din când în când.

b) Adăugați ovăzul rulat și reduceți focul la mediu. Gatiti, amestecand din cand in cand, pana cand amestecul devine cremos si suficient de gros pentru a acoperi spatele unei linguri. Acest lucru ar trebui să dureze aproximativ 8 până la 10 minute.

c) Se amestecă scorțișoară, ghimbir și cardamom măcinat, asigurându-vă că sunt bine combinate. Acest lucru ar trebui să dureze aproximativ 30 de secunde.

d) Scoateți cratița de pe foc, acoperiți-o și lăsați-o să stea fără a deranja până când se absoarbe cea mai mare parte a lichidului. Acest lucru durează de obicei aproximativ 3 minute.

e) Împărțiți fulgii de ovăz condimentați în 4 boluri și acoperiți fiecare porție cu zahăr brun și jumătate de cană de lapte rămasă.

f) Acoperiți cu fructele, semințele și nucile preferate.

38. Pâine prăjită franțuzească condimentată cu Chai

INGREDIENTE:
- 1 lingura zahar granulat
- 1 lingurita scortisoara macinata
- ¼ linguriță de ghimbir măcinat
- ¼ linguriță cardamom
- ¼ linguriță ienibahar
- ¼ linguriță cuișoare măcinate
- Vârf de cuțit de sare
- 4 ouă mari
- ¾ cană lapte
- 1 ½ linguriță extract de vanilie
- 4 linguri de unt
- 8 felii de brioșă sau pâine challah, feliate de ¾-1 inch grosime

INSTRUCȚIUNI:
a) Într-un castron mediu, puțin adânc, amestecați zahărul granulat, condimentele măcinate (scorțișoară, ghimbir, cardamom, ienibahar, cuișoare) și un praf de sare. Pune deoparte acest amestec de condimente.
b) Preîncălziți o tigaie antiaderentă la foc mediu-mic.
c) Bateți ouăle, laptele și extractul de vanilie în amestecul de condimente din vasul puțin adânc.
d) Topiți două linguri de unt în tigaia preîncălzită.
e) Înmuiați feliile de pâine în amestecul de cremă, asigurându-vă că sunt acoperite pe ambele părți. Acest lucru ar trebui să dureze aproximativ 2-3 secunde pe fiecare parte.
f) Prăjiți feliile acoperite, lucrând în loturi de câte 2 sau 3 la un moment dat, în funcție de dimensiunea tigaiei. Gatiti aproximativ 3-3 ½ minute pe fiecare parte sau pana devin maro auriu, adaugand mai mult unt dupa cum este necesar.
g) Repetați procesul cu cremă rămasă și feliile de pâine.
h) Servește pâinea prăjită franțuzească condimentată cu chai caldă, însoțită de unt și sirop sau toppingurile tale preferate.
i) Bucurați-vă de deliciosul și aromat Pâine prăjită franțuzesc Chai-Spiced!

39. Briose Chai Latte cu Streusel cu condimente Chai

INGREDIENTE:
PENTRU STREUSEL:
- ½ cană zahăr granulat
- ½ lingurita de scortisoara macinata
- ¼ linguriță de ghimbir măcinat
- ¼ de linguriță cardamom măcinat
- 5 linguri de făină universală
- 3 linguri de unt sarat

PENTRU brioșe:
- 1 cană lapte integral
- 2 plicuri de ceai chai
- 2 ¼ căni de făină universală
- 1 cană zahăr granulat
- 2 ½ lingurițe de praf de copt
- ⅔ linguriță sare
- 2 oua mari, la temperatura camerei
- ½ cană ulei vegetal
- 1 ½ linguriță extract de vanilie

INSTRUCȚIUNI:
PENTRU STREUSEL:
a) Într-un castron mic, combina zahărul, scorțișoara măcinată, ghimbirul măcinat, cardamomul măcinat și făina.
b) Folosiți un cuțit de patiserie sau o furculiță pentru a tăia untul în ingredientele uscate. Pune acest amestec de streusel deoparte.

PENTRU brioșe:
c) Preîncălziți cuptorul la 350°F (175°C).
d) Tapetați formele de brioșe cu folii de hârtie sau pulverizați-le cu spray de copt. Pus deoparte.
e) Într-o cratiță mică, combinați laptele întreg și pliculețele de ceai chai.
f) Se încălzește laptele la aburi, apoi se ia de pe foc și se lasă să se infuzeze cel puțin 5 minute.
g) Într-un castron mare, amestecați făina universală, zahărul granulat, praful de copt și sarea. Pune acest amestec uscat deoparte.

h) Într-un castron mediu, amestecați ouăle, uleiul vegetal, extractul de vanilie și laptele infuzat cu ceai.
i) Turnați ingredientele umede peste ingredientele uscate și amestecați până când ingredientele uscate sunt complet încorporate.
j) Umpleți fiecare ceașcă de brioșe cu aluatul de brioșe la aproximativ ¾.
k) Acoperiți fiecare brioșă cu o cantitate generoasă din amestecul de streusel preparat.
l) Coacem in cuptorul preincalzit pentru 15-18 minute, sau pana cand briosele sunt gata. Puteți verifica dacă este gata introducând o scobitoare în centrul unei brioșe – ar trebui să iasă curată sau cu câteva firimituri umede.
m) Lăsați brioșele să se răcească puțin înainte de servire.
n) Bucurați-vă de brioșele dvs. delicioase Chai Latte cu Streusel cu condimente Chai, ca deliciu delicios pentru micul dejun!

40. Granola Super Chunky condimentată cu Chai

INGREDIENTE:
- ¼ cană unt de migdale (sau orice unt de nuci/semințe la alegere)
- ¼ cană sirop de arțar
- 2 lingurite extract de vanilie
- 5 lingurite de scortisoara macinata
- 2-3 lingurițe de ghimbir măcinat
- 1 lingurita cardamom macinat
- 1 ½ cană de ovăz rulat (asigurați-vă că nu conține gluten dacă este necesar)
- ½ cană nuci sau nuci pecan, tocate grosier
- ¾ cană fulgi de cocos neîndulciți
- ¼ cană semințe de dovleac crude (pepitas)

INSTRUCȚIUNI:
a) Preîncălziți cuptorul la 325 de grade F (160 ° C) și tapetați o foaie de copt de dimensiune standard cu hârtie de copt.
b) Într-un castron mediu, combinați untul de migdale, siropul de arțar, extractul de vanilie, scorțișoara măcinată, ghimbirul măcinat și cardamomul măcinat. Bateți până când amestecul este omogen.
c) Adăugați ovăzul rulat, nucile sau nucile pecan tocate, fulgii de nucă de cocos neindulciți și semințele de dovleac crude în bolul cu amestecul de unt de migdale. Amestecați bine pentru a vă asigura că toate ingredientele uscate sunt acoperite uniform.
d) Transferați amestecul de granola pe foaia de copt pregătită, întindeți-l într-un strat uniform. Dacă faceți un lot mai mare, utilizați foi de copt suplimentare după cum este necesar.
e) Coaceți în cuptorul preîncălzit pentru 20-25 de minute. Fii vigilent spre final pentru a preveni arderea. Granola este gata când devine parfumată și se închide la culoare.
f) Notă: Dacă preferați granola foarte gros, evitați să o aruncați în timpul coacerii. Pentru o textură mai sfărâmicioasă, amestecați sau aruncați un pic granola la jumătate pentru a rupe orice cocoloașe.
g) Odată ce granola este vizibil rumenită și parfumată, scoateți-o din cuptor. Aruncați ușor granola pentru a lăsa excesul de căldură să

scape. Lăsați-l să se răcească complet pe tava de copt sau într-un vas termorezistent.

h) Păstrați granola super chunky condimentată cu Chai într-un recipient sigilat la temperatura camerei timp de până la 1 lună sau în congelator până la 3 luni.

i) Bucurați-vă de granola singură, cu lapte, iaurt sau stropită peste fulgi de ovăz pentru un mic dejun sau o gustare delicioasă!

41. Vafe Chai cu sirop de crema de banane

INGREDIENTE:
INGREDIENTE USCATE
- 1 ½ cană de făină de ovăz
- 2 linguri amidon de arrowroot
- 2 lingurite praf de copt
- 1 ¼ linguriță scorțișoară
- ½ linguriță de ghimbir măcinat
- ½ linguriță cardamom măcinat
- ¼ lingurita de nucsoara
- ¼ lingurita sare
- ⅛ linguriță cuișoare măcinate

INGREDIENTE UMEDE
- 1 ¼ cană de lapte de migdale sau de soia neîndulcit
- 3 linguri de unt de migdale
- 2 linguri sirop de artar
- 1 lingurita extract de vanilie

SIROP DE CREMA DE BANANE:
- 1 banană mare coaptă
- ½-¾ cană de lapte de migdale sau de soia neîndulcit
- 2 curmale medjool, fără sâmburi și înmuiate
- 1 lingurita sirop de artar
- ¾ lingurita extract de vanilie
- ⅛ linguriță de scorțișoară
- Vârf de cuțit de sare
- Opțional: 2 linguri de semințe de cânepă sau 1-2 linguri de unt de nuci

INSTRUCȚIUNI:
PENTRU VAFELE CHAI:
a) Într-un castron mare, combinați toate ingredientele uscate și amestecați până se încorporează bine. Pus deoparte.
b) Setați aparatul de vafe la căldură medie sau utilizați o setare echivalentă cu 4 pe o mașină de vafe Cuisinart.
c) Într-un blender, combinați toate ingredientele umede (lapte de migdale sau de soia neîndulcit, unt de migdale, sirop de arțar și

extract de vanilie). Amestecați până când amestecul este omogen.
d) Adăugați ingredientele umede din blender la ingredientele uscate din bol. Se amestecă bine până se combină bine.
e) Turnați aluatul de vafe în aparatul de vafe și gătiți conform instrucțiunilor aparatului de vafe. Alternativ, dacă nu aveți un aparat de vafe, puteți folosi o tigaie antiaderentă. Turnați ¼ - ⅓ cană de aluat într-o tigaie antiaderentă încălzită, gătiți timp de 3-5 minute, răsturnați și gătiți încă 2-3 minute. Repetați cu aluatul rămas pentru a face vafe sau clătite.
f) Serviți-vă vafele Chai cu fructe proaspete și sirop de cremă de banane sau îndulcitorul preferat.

PENTRU SIROPUL DE CREMA DE BANANE:
g) Înmuiați curmalele Medjool într-un castron cu apă fierbinte timp de 15 minute. Apoi, scoateți-le din apă și scurgeți-le bine. Scoateți sâmburele din curmale.
h) Adăugați curmalele fără sâmburi, banana coaptă, siropul de arțar, extractul de vanilie, scorțișoara și un praf de sare (și opțional semințe de cânepă sau unt de nuci, dacă doriți) într-un blender de mare viteză.
i) Amestecați până când amestecul este omogen. Dacă este necesar, adăugați mai mult lapte de migdale sau de soia pentru a obține consistența dorită a siropului.
j) Lăsați siropul să stea timp de 5 minute înainte de servire.
k) Bucurați-vă de vafele Chai cu sirop de cremă de banane pentru un mic dejun cald, reconfortant și delicios!

42.Biscotti Chai cu stropi de ciocolată albă

INGREDIENTE:
AMEStec de condimente CHAI:
- 1 lingura scortisoara macinata
- 2 lingurite de cardamom macinat
- 2 lingurițe de ghimbir măcinat
- 1 lingurita nucsoara macinata
- 1 lingurita cuisoare macinate
- ½ linguriță de ienibahar măcinat

BISCOTTI:
- ½ cană de unt brun nesarat, la temperatura camerei
- ½ cană zahăr brun deschis
- ½ cană zahăr granulat
- 2 oua mari, la temperatura camerei
- 2 lingurite pasta de boabe de vanilie
- 2 ¼ căni de făină universală
- 1 ¼ linguriță de praf de copt
- 1 lingură amestec de condimente chai
- ½ lingurita sare kosher

TOPING:
- 4 uncii de ciocolată albă, topită
- ½ linguriță amestec de condimente chai

INSTRUCȚIUNI:
PENTRU AMESTECUL DE MIRODIENE DE SCAUN:
a) Într-un castron mic, cerne toate ingredientele pentru amestecul de condimente chai. Păstrați-l într-un recipient etanș pentru utilizare ulterioară.

PENTRU BISCOTTI:
b) Preîncălziți cuptorul la 350 ° F (175 ° C) și tapetați o tavă de copt cu hârtie de copt.
c) În bolul unui mixer cu suport prevăzut cu accesoriul cu paletă (sau într-un castron mare folosind un mixer manual), bateți untul brun, zahărul brun și zahărul granulat până când amestecul este omogen.
d) Adăugați ouăle și pasta de boabe de vanilie (sau extractul de vanilie) și bateți până se omogenizează.

e) Adăugați făina universală, praful de copt, amestecul de condimente Chai și sare kosher. Se amestecă până când toate ingredientele sunt complet incorporate.
f) Împărțiți aluatul în două părți egale. Așezați fiecare porție pe o parte a foii de copt pregătită și lipiți-le în două dreptunghiuri de 10 inchi x 2 inci, fiecare cu grosimea de aproximativ 1 inch. Puteți uda ușor mâinile pentru a ajuta la acest pas.
g) Coaceți timp de 20 până la 30 de minute sau până când buștenii de biscotti sunt aurii peste tot. Scoateți-le din cuptor și lăsați-le să se răcească timp de 25 până la 30 de minute.
h) Reduceți temperatura cuptorului la 325°F (160°C).
i) Transferați cu grijă buștenii de biscotti pe o placă de tăiat. Utilizați o sticlă de pulverizare umplută cu apă la temperatura camerei pentru a pulveriza ușor buștenii (doar un spray pe fiecare secțiune). Așteptați aproximativ 5 minute, apoi folosiți un cuțit zimțat foarte ascuțit pentru a tăia biscottii în bucăți lățime de ½ inch.
j) Puneți feliile de biscotti înapoi pe foaia de copt, ridicându-le cu aproximativ ½ inch spațiu între fiecare pentru a permite circulația aerului. Coaceți încă 25 până la 30 de minute sau până când sunt uscate și aurii.
k) Scoateți biscottii din cuptor și transferați-i pe un grătar pentru a se răci la temperatura camerei.

PENTRU TOPING:
l) Într-un bol care poate fi utilizat în cuptorul cu microunde, topește ciocolata albă la intervale de 30 de secunde până devine netedă.
m) Dacă doriți, adăugați o cantitate mică de amestec de condimente chai la ciocolata albă topită și amestecați.
n) Peste blaturile chai biscotti se stropesc ciocolata alba topita.
o) Lăsați ciocolata să se întărească complet înainte de a păstra biscotti.
p) Servește biscottii cu condimente Chai cu latte-ul tău Chai sau cafea preferată pentru un răsfăț delicios!
q) Bucurați-vă de Chai Biscotti de casă cu stropi de ciocolată albă!

43. Cruffini cu condimente Chai

INGREDIENTE:
PENTRU BLOCUL DE UT:
- 2 batoane unt rece nesarat, taiate cubulete

PENTRU ALUATUL DE BRIOCHE:
- 2 ¾ căni de făină universală
- 3 linguri de zahar
- 1 ½ linguriță sare kosher
- 1 lingura drojdie instant
- 3 ouă mari, bătute
- ¼ cană lapte, la temperatura camerei
- 10 linguri de unt, feliate in 10 bucati, la temperatura camerei

PENTRU ZAHĂRUL CONDAT CHAI:
- 1 cană zahăr
- 1 lingura scortisoara macinata
- 1 lingura de ghimbir macinat
- 1 lingură cardamom măcinat
- 1 lingurita cuisoare macinate
- 1 lingurita nucsoara macinata
- 1 linguriță de ienibahar măcinat
- 1 lingurita piper negru macinat

PENTRU SPĂLAREA OUĂLOR:
- 1 ou, batut cu 1 lingurita apa

INSTRUCȚIUNI:
PENTRU BLOCUL DE UT:

a) Lăsați untul să stea la temperatura camerei timp de aproximativ 5 minute.

b) Pregătiți un pachet de hârtie de pergament pentru a modela blocul de unt. Tăiați o bucată de hârtie de pergament la 15" x 18" și îndoiți-o în jumătate la 15" x 9".

c) Măsurați 4" de la marginile de sus și de jos, apoi pliați de-a lungul semnelor pentru a crea un pachet de 7" x 9". În cele din urmă, măsurați 2" de la marginea deschisă și pliați de-a lungul semnului pentru a face un pachet de 7" x 7". Pune asta deoparte.

d) Într-un mixer cu suport prevăzut cu un accesoriu cu paletă, bateți untul la viteză mică până devine moale, maleabil și neted (fără a încorpora aer), ceea ce ar trebui să dureze 1-2 minute.
e) Desfaceți pachetul de hârtie de pergament și puneți untul pe unul dintre pătratele de 7" x 7". Îndoiți hârtia de pergament de-a lungul cutelor originale pentru a cuprinde untul. Folosește-ți degetele sau un sucitor pentru a distribui uniform untul în pachet, făcându-l un pătrat perfect de 7" x 7". Dați blocul de unt la frigider în timp ce pregătiți aluatul.

PENTRU ALUATUL DE BRIOCHE:
f) În vasul unui mixer cu suport prevăzut cu un cârlig pentru aluat, adăugați ingredientele uscate și amestecați scurt cu mâna pentru a omogeniza. Adăugați ouăle bătute, laptele și feliile de unt la temperatura camerei. Se amestecă la viteză mică timp de aproximativ 1 minut până când ingredientele uscate sunt umezite. Apoi măriți viteza la medie și frământați până când aluatul este neted, strălucitor și nu se mai lipește de bol, ceea ce ar trebui să dureze 20-25 de minute.
g) Formați aluatul într-o bilă (va fi foarte moale), puneți-l într-un vas ușor uns cu unt, acoperiți-l și lăsați-l la crescut 1 oră. Dați aluatul la frigider câteva ore sau peste noapte până când este bine răcit.

PENTRU LAMINAREA ALUATULUI:
h) Scoateți blocul de unt din frigider pentru a se înmuia ușor. Când este rece, dar maleabil, întindeți aluatul pe o suprafață ușor făinată până la un dreptunghi de 7 ½" x 14 ½". Folosește o pensulă de patiserie pentru a îndepărta orice exces de făină.
i) Așezați blocul de unt pe jumătatea stângă a aluatului, lăsând o margine de ½ inch pe partea de sus, partea stângă și de jos. Apăsați uniform untul în pachet, asigurându-vă că umple colțurile și marginile, formând un pătrat perfect de 7" x 7". Se da la frigider pentru 30 de minute.
j) După răcire, întindeți aluatul într-un dreptunghi de 8" x 16", cu marginile lungi paralele cu marginea blatului. Îndoiți partea dreaptă peste partea stângă unsă cu unt, asigurându-vă că toate marginile se aliniază și colțurile se întâlnesc. Aceasta este o tură.

Acoperiți aluatul cu folie de plastic și lăsați-l la frigider pentru 30 de minute.
k) Repetați acest proces de încă două ori (pentru un total de trei ture), lăsând aluatul să se odihnească la frigider pentru cel puțin 1 oră.

Modelarea și coacerea:
l) Pregătiți amestecul de zahăr condimentat chai combinând toate condimentele cu zahărul. Pune deoparte ½ cană din acest amestec pentru mai târziu.
m) Întindeți aluatul laminat într-un dreptunghi de 8" x 18". Ungeți întreaga suprafață cu spălarea ouălor, lăsând o margine de ½" de-a lungul unei părți lungi fără spălarea ouălor.
n) Presărați amestecul de zahăr cu condimente chai peste porțiunea de aluat spălată cu ou.
o) Rulați aluatul într-un buștean strâns, începând de la marginea lungă acoperită cu zahăr. Puneți cusătura rolului în jos pentru a preveni derularea acesteia.
p) Tăiați 1 inch de la fiecare capăt al bușteanului și aruncați tunsoarele. Tăiați bușteanul în opt bucăți de 2 inchi.
q) Puneți fiecare bucată într-o tavă de brioșe, acoperiți lejer și lăsați-le să se înfunde timp de 1 până la 1 oră și jumătate până când devin foarte umflate, dar nu neapărat dublează dimensiunea.
r) Spre sfârșitul fermentației, preîncălziți cuptorul la 400°F (200°C).
s) Ungeți ușor blaturile și părțile expuse ale cruffin-urilor cu spălare de ouă și coaceți timp de 18-20 de minute sau până când devin maro auriu și temperatura internă în centru este de 190 ° F (88 ° C).
t) Lăsați cruffinurile să se răcească câteva minute, apoi scoateți-le cu grijă din tigaie și aruncați-le în amestecul de zahăr condimentat rezervat cât sunt încă calde.
u) Puneți cruffinele de chai condimentate pe un gratar pentru a se răci.
v) Bucurați-vă de Cruffins Chai-Spiced de casă – brioșe cu croissante fulgioase, cu o delicioasă întorsătură de condimente Chai!

44.Rulouri cu scorțișoară condimentat Chai

INGREDIENTE:
PENTRU ALUAT:
- ¾ cană lapte de unt
- pachet de ¼ uncie de drojdie uscată activă
- ½ cană zahăr granulat
- 6 linguri de unt nesarat, temperatura camerei
- 1 ou, la temperatura camerei
- ¼ lingurita sare
- 2 ¾ căni de făină universală

PENTRU UMPLUREA SCAUNULUI:
- 2 linguri de unt nesarat, temperatura camerei
- 1 lingurita scortisoara macinata
- 1 lingurita cardamom macinat
- 1 lingurita de ghimbir macinat
- 1 lingurita de anason stelat macinat
- 1 lingură ceai Earl Grey, măcinat
- ¼ cană zahăr brun deschis

PENTRU GLAMURA DE ARTTAR:
- 2 linguri lapte de cocos
- 1 lingura sirop de artar
- ¾ cană zahăr pudră
- ½ linguriță extract de vanilie

INSTRUCȚIUNI:
PENTRU ALUAT:

a) Se încălzește zara în cuptorul cu microunde timp de 40 de secunde până se încălzește. Utilizați o cană de măsurare a lichidului pentru acest pas. Adăugați drojdia și zahărul în zara caldă și amestecați.

b) Într-un castron mare, puneți untul la temperatura camerei. Turnați amestecul de zahăr/zară în bol. Bateți cu un mixer de mână sau cu un mixer cu stand până când untul s-a rupt.

c) Adăugați oul și sarea în amestec. Se amestecă până se încorporează complet.

d) La final adaugam faina si amestecam pana se formeaza un aluat.

e) Goliți aluatul pe o suprafață cu făină. Se framanta 3 minute si se lasa sa creasca o ora. De asemenea, puteți frământa aluatul într-un mixer cu stand pentru aceeași perioadă de timp. Dacă aluatul încă pare umed, adăugați câte o lingură de făină până nu se mai lipește de mâini.

f) Acoperiți aluatul cu un prosop umed sau folie de aluminiu și lăsați-l să crească timp de 1 oră, sau până când își dublează volumul.

PENTRU UMPLUREA SCAUNULUI:

g) În timp ce aluatul crește, pregătiți amestecul de condimente pentru umplutură. Combinați scorțișoara măcinată, cardamomul, ghimbirul, anasonul stelat și ceaiul Earl Grey într-un castron. Se amestecă bine și se pune deoparte.

ASAMBLARE:

h) Odată ce aluatul s-a terminat, scoateți aerul și întindeți-l într-un pătrat de 12 x 12 inci.

i) Întindeți uniform untul la temperatura camerei pe suprafața aluatului.

j) Presărați zahăr brun și amestecul de condimente pregătit peste aluatul uns cu unt.

k) Rulați aluatul într-un buștean și tăiați-l în 9 bucăți egale. Mai întâi, tăiați bușteanul în 3 bucăți egale, apoi împărțiți fiecare dintre acele bucăți în 3 bucăți egale.

l) Pune rulourile cu scorțișoară într-o tavă unsă de 9 x 9 inci și lasă-le să crească încă o oră.

COACERE:

m) Preîncălziți cuptorul la 350°F (177°C).

n) După dovada finală, coaceți rulourile de scorțișoară descoperite timp de 20-25 de minute sau până când marginile sunt maro deschis.

o) Pentru glazura de arțar:

p) În timp ce rulourile cu scorțișoară se coace, combinați toate ingredientele pentru glazură - lapte de cocos, sirop de arțar, zahăr pudră și extract de vanilie - într-un castron și amestecați până la omogenizare.

q) Lăsați rulourile coapte de scorțișoară să se răcească timp de 5-10 minute înainte de a stropi glazura peste ele.

45.Pâine condimentată Chai

INGREDIENTE:
PENTRU PÂINE:
- ½ cană unt nesărat, înmuiat
- ¾ cană zahăr granulat
- 2 ouă mari
- 2 lingurite extract de vanilie
- ½ cană de ceai chai sau apă
- ⅓ cană lapte
- 2 căni de făină universală
- 2 lingurite praf de copt
- ½ lingurita sare
- 1 lingurita cardamom macinat
- ½ lingurita de scortisoara macinata
- ¼ linguriță cuișoare măcinate

PENTRU GLAZURI:
- 1 cană de zahăr pudră
- ¼ lingurita extract de vanilie
- 3 lingurite lapte

INSTRUCȚIUNI:
PENTRU PÂINE:
a) Preîncălziți cuptorul la 350 ° F (175 ° C) și ungeți o tavă de pâine cu spray de gătit antiaderent.
b) Într-un castron mare, bateți untul înmuiat și zahărul granulat până când amestecul devine ușor și pufos.
c) Bateți ouăle, extractul de vanilie, ceaiul chai (sau apă) și laptele până când ingredientele sunt bine combinate.
d) Se amestecă făina universală, praful de copt, sarea, cardamomul măcinat, scorțișoara măcinată și cuișoarele măcinate până se combină.
e) Întindeți aluatul uniform în tava de pâine pregătită.
f) Coaceți la 350°F timp de 50-60 de minute sau până când o scobitoare introdusă în centru iese curată.

PENTRU GLAZURI:
g) Într-un castron mic, amestecați zahărul pudră, extractul de vanilie și laptele până când amestecul este omogen și bine combinat.
h) Odată ce pâinea s-a răcit, turnați glazura deasupra.
i) Tăiați, serviți și bucurați-vă de pâinea condimentată Chai!

46.Gogoși cu cidru de mere condimentat Chai

INGREDIENTE:
GOGOSA DE CIDRU DE MERE:
- ½ cană de cidru de mere redus
- 2 ¼ cani de faina universala, lingurata si nivelata
- ½ linguriță de praf de copt
- ½ lingurita de bicarbonat de sodiu
- 1 lingurita scortisoara
- ½ lingurita nucsoara
- ½ cană de unt sărat, topit
- 1 cană de zahăr brun deschis, ușor ambalat
- 2 ouă mari, la temperatura camerei
- ½ cană unt de mere

CHAI SUGAR:
- 1 cană zahăr granulat
- ¼ cană zahăr brun deschis, ușor ambalat
- ½ lingurita de scortisoara
- ¼ lingurita de nucsoara
- ¼ linguriță de ghimbir
- ¼ linguriță cuișoare
- ¼ linguriță ienibahar
- ⅛ linguriță de cardamom
- Un praf mic de piper negru măcinat
- ¼ cană unt sărat, topit

GLAZĂ CARAMEL (OPȚIONAL):
- 1 cană de caramel, la temperatura camerei
- 1 cana zahar pudra, lingurata si nivelata
- ¼ linguriță de scorțișoară

INSTRUCȚIUNI:
a) Reduceți cidrul de mere punând 1 ½ cani de cidru de mere într-o cratiță medie la foc mediu-mic. Se lasă să fiarbă 10-15 minute până când se reduce la ½ cană.

b) Turnați-l într-un borcan sau o ceașcă rezistent la căldură și lăsați-l să se răcească în timp ce adunați restul ingredientelor.

gogoși:

c) Preîncălziți cuptorul la 425F (218C) convecție (400F/204C convențional) și ungeți trei tavi pentru gogoși (sau una câte una).
d) Într-un castron mediu, combinați făina, praful de copt, bicarbonatul de sodiu, scorțișoara și nucșoara. Pus deoparte.
e) Într-un castron mare, amestecați cidrul de mere redus, untul topit, zahărul brun, ouăle și untul de mere până când sunt bine combinate.
f) Îndoiți amestecul de făină doar până când făina este încorporată, apoi folosiți o pungă sau o lingură pentru a umple formele pentru gogoși.
g) Coaceți gogoșile pentru aproximativ 8-10 minute, până când devin maro auriu și se răstoarnă când le apăsați ușor.
h) Răsturnează gogoșile pe un grătar și lasă-le să se răcească câteva minute.

CHAI SUGAR:
i) Într-un castron mediu, combinați zahărul granulat, zahărul brun și condimentele.
j) Pe rând, ungeți gogoșile cu untul topit, apoi aruncați-le imediat în zahărul chai până sunt acoperite complet. Repetați cu restul gogoșilor.

GLAZĂ CARAMEL (OPȚIONAL):
k) Dacă îmi faci rețeta de Caramel sărat de casă, o poți face înainte de a începe, astfel încât să aibă timp să se răcească.
l) Combinați 1 cană de sos caramel cu zahărul pudră și scorțișoara, apoi bateți până devine complet neted.
m) Înmuiați gogoși simple în glazură sau stropiți deasupra gogoșilor cu zahăr. Nu scufundați gogoșile cu zahăr în glazură, altfel zahărul va cădea pur și simplu în glazură.

Gustări

47. Biscuiți cu condimente Chai

INGREDIENTE:
- 2 cani de cereale crocante de orez
- 1 cană unt de migdale
- ½ cană miere
- 1 lingurita amestec de condimente chai (scortisoara, cardamom, ghimbir, cuisoare, nucsoara)
- 1 lingurita extract de vanilie
- Vârf de cuțit de sare

INSTRUCȚIUNI:
a) Într-un castron mare, combinați cerealele crocante de orez și amestecul de condimente chai.
b) Într-o cratiță mică, încălziți untul de migdale, mierea, extractul de vanilie și sarea la foc mic, amestecând până se combină bine.
c) Turnați amestecul de unt de migdale peste amestecul de cereale și condimente și amestecați până când totul este acoperit uniform.
d) Modelați amestecul în fursecuri sau presați-l într-o tavă de copt tapetată și tăiați în batoane.
e) Dă la frigider pentru aproximativ 1 oră sau până când se fixează.

48. Churros condimentat Chai

INGREDIENTE:
PENTRU CHURROS:
- 1 ½ cană de făină universală
- 2 linguri amestec de condimente chai, împărțit
- 2 lingurițe de sare kosher, împărțite
- ½ cană zahăr granulat
- ½ cană lapte integral
- 3 linguri de unt nesarat
- 1 linguriță extract pur de vanilie
- 1 ou organic
- Ulei de canola (pentru prajit)
- Sos de ciocolata, pentru servire

PENTRU SCAUNUL COND:
- 3 batoane de scorțișoară, zdrobite
- 2 linguri cuișoare întregi
- 1 lingură boabe de piper negru întregi
- 1 lingură de semințe de fenicul
- 3 lingurite de cardamom
- 2 lingurițe de ghimbir măcinat
- 2 lingurițe de nucșoară măcinată

PENTRU SOS DE CIOCOLATA:
- 6 uncii de ciocolată neagră, tocată
- 1 lingurita ulei de cocos

INSTRUCȚIUNI:
PENTRU CHURROS:
a) Într-un castron mare, combinați făina, 1 lingură de amestec de condimente Chai și 1 linguriță de sare. Se amestecă pentru a combina.
b) Într-un castron separat, adăugați zahăr, amestecul de condimente Chai rămas și sare. Se amestecă pentru a combina. Pus deoparte.
c) Într-o oală medie la foc mediu-mare, aduceți laptele, untul, ½ cană de apă și extractul de vanilie la fiert. Adăugați amestecul de făină în oală și, folosind o lingură de lemn, amestecați energic

până când aluatul se îmbină, aproximativ 1 minut. Transferați în bolul unui mixer și lăsați-l să se răcească ușor.

d) Folosind atașamentul cu palete la viteză medie-mică, adăugați oul și bateți până când aluatul este neted și lucios aproximativ 3 minute. Umpleți aluatul într-un aparat pentru churro sau într-o pungă de patiserie pregătită cu vârf stea.

e) Adăugați ulei într-o oală mare, umplându-l la jumătatea părților laterale și încălziți-l la 325 ° F. Răsuciți aparatul de churro umplut cu aluat în churros lungi de 4 inci direct în ulei (sau țeavă aluatul) și prăjiți până când devin aurii pe toate părțile, timp de aproximativ 5 minute. Transferați-le într-o tavă de copt tapetată cu un prosop de hârtie. Repetați cu aluatul rămas.

f) Arunca churros cald in amestecul de chai-zahar rezervat. Serviți cu sos de ciocolată cald.

PENTRU SCAUNUL COND:

g) La o râșniță de condimente, adăugați batoane de scorțișoară, cuișoare, piper negru și fenicul. Se macină timp de 2 minute până la o pudră netedă. Adăugați cardamom, ghimbir și pudră de nucșoară. Se macină timp de 20 de secunde până când totul este bine încorporat.

h) Păstrați amestecul de condimente Chai într-un recipient ermetic și utilizați-l după cum este necesar.

PENTRU SOS DE CIOCOLATA:

i) Puneți ciocolata neagră într-un bol care poate fi utilizat în cuptorul cu microunde. Adăugați ulei de cocos.

j) Se încălzește amestecul de ciocolată în cuptorul cu microunde timp de 30 de secunde, se amestecă și se continuă încălzirea și amestecarea la intervale scurte până când ciocolata este complet topită.

k) Serviți sosul de ciocolată cu churros. Bucurați-vă!

49.Biscuiți cu condimente Chai

INGREDIENTE:
- 1 cană de făină universală (120 g)
- 1 lingura frunze de ceai negru pudrate (din pliculete de ceai)
- ½ lingurita de scortisoara macinata
- ¼ de linguriță cardamom măcinat
- ¼ linguriță de ghimbir măcinat
- ¼ linguriță de praf de copt
- ¼ lingurita sare
- 2 linguri de unt nesarat, rece si taiate cubulete
- ¼ cană lapte (60 ml)

INSTRUCȚIUNI:
a) Începeți prin a preîncălzi cuptorul la 350 ° F (180 ° C).
b) Într-un bol de amestecare, combinați făina universală, frunzele de ceai negru pudră, scorțișoara măcinată, cardamomul măcinat, ghimbirul măcinat, praful de copt și sarea. Amestecați ingredientele uscate până când sunt bine amestecate.
c) Adăugați untul nesărat rece, tăiat cuburi la amestecul de ingrediente uscate.
d) Folosiți un tăietor de patiserie sau vârfurile degetelor pentru a adăuga untul în amestecul de făină până când seamănă cu firimituri grosiere. Acest pas poate dura câteva minute.
e) Se toarnă laptele în amestec și se amestecă până se formează un aluat. Aluatul trebuie să se îmbine și să fie ușor lipicios.
f) Pe o suprafață cu făină, întindeți aluatul într-o foaie subțire, uniformă. Puteți folosi un sucitor în acest scop. Țintește-te pentru o grosime de aproximativ ⅛ inch.
g) Folosiți forme de prăjituri sau un cuțit pentru a tăia aluatul în formele dorite de biscuit. Asezati aceste bucati taiate pe o tava tapetata cu hartie de copt.
h) Introduceți foaia în cuptorul preîncălzit și coaceți aproximativ 10-12 minute, sau până când biscuiții devin maro auriu. Urmăriți-le îndeaproape deoarece timpul de coacere poate varia în funcție de grosime.
i) Odată copți, scoateți biscuiții din cuptor și lăsați-i să se răcească complet pe un grătar. Vor deveni mai crocante pe măsură ce se răcesc.

50. Madeleine condimentate cu Chai

INGREDIENTE:
- ⅔ cană unt nesărat, topit
- 2 linguri miere
- 2 ouă mari
- ½ cană zahăr granulat
- 1 lingurita extract pur de vanilie
- 1 cană de făină universală
- 1 lingurita praf de copt
- 1 lingurita scortisoara macinata
- ½ linguriță de ghimbir măcinat
- ¼ de linguriță cardamom măcinat
- ¼ linguriță cuișoare măcinate
- ¼ lingurita piper negru macinat
- Vârf de cuțit de sare
- Zahăr pudră pentru pudrat (opțional)

INSTRUCȚIUNI:

a) Într-o cratiță mică, topește untul nesarat la foc mediu până se topește complet. Se amestecă mierea și se lasă deoparte să se răcească puțin.

b) Într-un castron, amestecați ouăle și zahărul granulat până se combină bine și devine ușor spumos. Adăugați extractul pur de vanilie și amestecați din nou pentru a se încorpora.

c) Într-un castron separat, combinați făina universală, praful de copt, scorțișoara măcinată, ghimbirul măcinat, cardamomul măcinat, cuișoarele măcinate, piper negru măcinat și un praf de sare. Amestecați bine pentru a vă asigura că condimentele sunt distribuite uniform.

d) Adăugați treptat ingredientele uscate în amestecul de ouă, amestecând ușor după fiecare adăugare, până când aluatul este omogen și bine amestecat.

e) Se toarnă încet amestecul de unt topit și miere în aluat, amestecând continuu până se încorporează complet.

f) Acoperiți vasul cu folie de plastic și lăsați aluatul la frigider pentru cel puțin 2 ore, sau de preferință peste noapte. Răcirea aluatului va ajuta la dezvoltarea aromelor și la îmbunătățirea texturii madeleinelor.

g) Preîncălziți cuptorul la 375°F (190°C). Pregătește-ți tava de madeleine ungând-o cu puțin unt topit sau spray de gătit. Dacă folosiți o tigaie antiaderentă, acest pas poate să nu fie necesar.

h) Scoateți aluatul răcit din frigider și amestecați-l ușor pentru a vă asigura că este bine combinat. Pune aproximativ 1 lingură de aluat în fiecare cavitate în formă de coajă a tigaii de madeleine, umplându-le aproximativ trei sferturi.

i) Se pune tava de madeleine umpluta in cuptorul preincalzit si se coace 8-10 minute, sau pana cand madeleinele au crescut si marginile sunt aurii.

j) Scoateți tava din cuptor și lăsați madeleinele să se răcească în tavă un minut sau două înainte de a le transfera cu grijă pe un grătar pentru a se răci complet.

k) Dacă doriți, pudrați madeleinele răcite cu zahăr pudră pentru o notă finală înainte de servire.

51.Nuci prăjite condimentate Chai

INGREDIENTE:
- 4 căni de nuci amestecate nesărate
- ¼ cană de sirop de arțar
- 3 linguri de ulei de cocos topit
- 2 linguri de zahar de cocos
- 3 lingurițe de ghimbir măcinat
- 2 lingurite de scortisoara macinata
- 2 lingurite de cardamom macinat
- 1 linguriță de ienibahar măcinat
- 1 lingurita de pudra de vanilie pura
- ½ lingurita de sare
- ¼ lingurita de piper negru

INSTRUCȚIUNI:
a) Preîncălziți cuptorul la 325°F (163°C). Tapetați o tavă de copt cu ramă cu hârtie de copt și lăsați-o deoparte.
b) Într-un castron mare, combinați toate ingredientele, cu excepția nucilor. Amestecați bine pentru a crea un amestec aromat.
c) Adăugați nucile amestecate în bol și aruncați-le până când sunt acoperite uniform cu amestecul condimentat.
d) Întindeți nucile acoperite pe foaia de copt pregătită într-un strat uniform.
e) Prăjiți nucile în cuptorul preîncălzit pentru aproximativ 20 de minute. Nu uitați să rotiți tigaia și să amestecați nucile la jumătatea timpului de prăjire pentru a asigura o gătire uniformă.
f) Odată gata, scoateți nucile prăjite din cuptor și lăsați-le să se răcească complet.
g) Păstrați nucile prăjite cu condimente de chai într-un recipient ermetic la temperatura camerei pentru gustări delicioase.

52.Mix de arțar Chai Chex

INGREDIENTE:
- 4 cesti Rice Chex
- 3 căni de scorțișoară Cheerios
- 1,5 cani de fulgi de cocos neindulci (divizati)
- 1 cană migdale simple întregi
- 2 cesti de batoane de covrig
- ¼ cană unt sărat
- 3 linguri de zahar brun
- 1 cană sirop de arțar (divizat)
- 4 linguri de condimente chai (împărțite)
- 1 lingurita sare kosher (divizata)
- 2 căni de covrigei acoperiți cu iaurt

INSTRUCȚIUNI:
a) Preîncălziți cuptorul la 320 ° F (160 ° C) și tapetați o tavă de copt cu părțile laterale cu hârtie de copt.
b) Într-un castron mare, combinați Rice Chex, Cinnamon Cheerios, 1 cană de fulgi de nucă de cocos, migdale întregi și bețișoare de covrig. Se amestecă bine și se lasă deoparte.
c) Într-o cratiță mică, la foc mediu, topim untul.
d) Odată ce untul este topit, adăugați în cratiță zahărul brun, ¾ de cană de sirop de arțar și 1 lingură de condimente Chai. Se amestecă totul și se aduce la fierbere.
e) Scoateți cratita de pe foc și lăsați-o să stea timp de 1 minut, apoi turnați amestecul peste amestecul Chex.
f) Adăugați condimentele Chai rămase în bol și amestecați până când toate ingredientele sunt acoperite uniform cu amestecul de unt topit.
g) Întindeți amestecul acoperit pe foaia de copt tapetată cu hârtie de pergament, asigurând un strat uniform.
h) Presărați amestecul cu ½ linguriță de sare kosher și puneți foaia de copt la cuptor. Coaceți timp de 15 minute.
i) Scoateți foaia de copt din cuptor, aruncați amestecul și întindeți-o din nou uniform peste foaia de copt.
j) Stropiți restul de ¼ de cană de sirop de arțar peste amestecul Chex și puneți-l înapoi la cuptor. Coaceți încă 15 minute.

k) Scoateți amestecul Chex din cuptor, stropiți-l cu ½ linguriță de sare kosher rămasă și lăsați-l să se răcească timp de 10 minute.
l) După ce s-a răcit ușor, adăugați covrigii acoperiți cu iaurt și ½ cană rămasă de nucă de cocos ras la amestecul Chex. Împingeți ușor ingredientele, încercând să lăsați câteva bucăți intacte.
m) Lăsați amestecul Maple Chai Chex să se răcească complet înainte de a-l depozita într-un recipient etanș. Bucură-te de gustarea ta delicioasă!

53.Orez condimentat Chai Krispie

INGREDIENTE:

- ¼ lingurita de scortisoara macinata
- ¼ de linguriță cardamom măcinat
- ¼ linguriță cuișoare măcinate
- ¼ linguriță de ghimbir măcinat
- ¼ linguriță de anason stelat măcinat
- 1 lingura ceai Earl Grey, pudra
- 6 căni de cereale Rice Krispie
- 3 linguri de unt nesarat, topit
- 10 uncii marshmallows

INSTRUCȚIUNI:

a) Tapetați o tavă de copt de 9x9 cu hârtie de copt.
b) Începeți prin a face amestecul de condimente Chai. Combinați cardamom, scorțișoară, cuișoare, ghimbir, anason stelat și ceai Earl Grey într-o râșniță de condimente sau într-un robot de bucătărie. Pulsați până când condimentele sunt măcinate într-o pulbere fină. Pus deoparte.
c) Puneți cerealele Rice Krispie într-un castron mare și puneți-o deoparte.
d) Într-o cratiță medie, la foc mediu, topește untul. Adăugați amestecul de condimente Chai și bezele. Se amestecă până când totul este bine combinat.
e) Turnați amestecul de marshmallow cu condimente de chai peste cerealele Rice Krispie de la pasul 3. Amestecați până când cerealele sunt acoperite uniform.
f) Puneți amestecul Rice Krispie în vasul de copt 9x9 pregătit și apăsați-l cu o spatulă pentru a o distribui uniform.
g) Pune vasul deoparte și lasă-l să se răcească timp de aproximativ 10 minute înainte de a tăia și a servi delicioasele tale delicioase Chai Spiced Rice Krispie. Bucurați-vă!

54. Bile energetice Chai Spice

INGREDIENTE:

- 1 ½ cană caju crude (210g)
- ½ lingurita sare kosher
- 1 lingurita scortisoara
- ½ linguriță de ghimbir măcinat
- ¼ linguriță cardamom
- 2 căni de curmale Medjool, fără sâmburi și ambalate (380g)

INSTRUCȚIUNI:

a) Puneți caju și condimentele într-un robot de bucătărie prevăzut cu o lamă S. Procesați aproximativ un minut.
b) Adăugați curmalele Medjool fără sâmburi. Procesați încă 1-2 minute, până când amestecul începe să se aglomereze în procesor. Opriți procesorul și testați amestecul strângând o cantitate mică în palmă; ar trebui să fie foarte moale și să se lipească ușor.
c) Rulați amestecul în bile de 1 ¼ inch, de aproximativ 30 g fiecare.
d) Păstrați bilele energetice într-un recipient ermetic la frigider sau congelați-le.
e) Bucurați-vă de aceste delicioase Chai Spice Energy Balls ori de câte ori aveți nevoie de o gustare rapidă și hrănitoare!

55. Snickerdoodles condimentat cu Chai

INGREDIENTE:
- ½ cană zahăr
- 2 lingurite de cardamom macinat
- 2 lingurite de scortisoara macinata
- ½ linguriță de ghimbir măcinat
- ½ linguriță cuişoare măcinate
- ¼ lingurita de nucsoara macinata
- ½ cană de unt, înmuiat
- ½ cană de scurtare
- 1 cană zahăr
- 2 ouă mari, la temperatura camerei
- 1 lingurita extract de vanilie
- 2-¾ căni de făină universală
- 2 lingurite crema de tartru
- 1 lingurita de bicarbonat de sodiu
- Sare
- 1 pachet (10 uncii) chipsuri de copt cu scorțişoară

INSTRUCȚIUNI:
a) Preîncălziți cuptorul la 350°F (175°C).
b) Pentru zahărul condimentat, amestecați primele 6 ingrediente.
c) Într-un castron mare, cremă împreună untul înmuiat, scurtarea, zahărul și 2 linguri de zahăr condimentat până când amestecul devine ușor și pufos, ceea ce ar trebui să dureze aproximativ 5-7 minute.
d) Bateți ouăle și vanilia.
e) Într-un alt castron, amestecați făina, crema de tartru, bicarbonatul de sodiu și sarea.
f) Bateți treptat ingredientele uscate în amestecul de cremă.
g) Se amestecă chipsurile de copt cu scorțișoară.
h) Dați aluatul la frigider, acoperit, până devine suficient de ferm pentru a se modela, ceea ce ar trebui să dureze aproximativ 1 oră.
i) Modelați aluatul în bile de 1 inch și rulați-le în zahărul condimentat rămas.
j) Așezați biluțele la 2 inci una de cealaltă pe foi de copt unse.
k) Coaceți până se întăresc, ceea ce ar trebui să dureze 11-13 minute.
l) Scoateți fursecurile din tigăi și lăsați-le să se răcească pe grătare.

56. Popcorn condimentat pe plită

INGREDIENTE:
- 1 lingura ulei
- ½ cană (100 g) boabe de floricele de porumb nefierte
- 1 lingurita sare de mare grunjoasa
- 1 lingurita garam masala, Chaat Masala sau Sambhar Masala

INSTRUCȚIUNI:
a) Într-o tigaie adâncă și grea, încălziți uleiul la foc mediu-mare.
b) Adăugați boabele de floricele de porumb.
c) Acoperiți tigaia și dați focul la mediu-mic.
d) Gătiți până când sunetul de pocnire încetinește, 6 până la 8 minute.
e) Opriți focul și lăsați floricelele să stea cu capacul încă 3 minute.
f) Se presară cu sare și masala. Serviți imediat.
g) Cu clești, luați câte un papad și încălziți-l peste plită. Dacă aveți o sobă pe gaz, gătiți-o chiar peste flacără, având grijă să stingeți bucățile care iau foc. Întoarceți-le constant înainte și înapoi până când toate părțile sunt fierte și crocante. Dacă folosiți o sobă electrică, încălziți-le pe un grătar așezat peste arzător și răsturnați-le continuu până când sunt crocante. Fiți atenți – se ard ușor.
h) Stivuiți papads și serviți imediat ca gustare sau la cină.

57. Masala Papad

INGREDIENTE:
- 1 pachet (6-10 unități) de papad cumpărat din magazin (făcut din linte)
- 2 linguri ulei
- 1 ceapa rosie medie, curatata si tocata
- 2 roșii medii, tăiate cubulețe
- 1–2 ardei iute verzi thailandez, serrano sau cayenne, tulpinile îndepărtate, feliate fin
- 1 lingurita Chaat Masala
- Pudră de chile roșu sau cayenne, după gust

INSTRUCȚIUNI:
a) Cu clești, luați câte un papad și încălziți-l peste plită. Dacă aveți o sobă pe gaz, gătiți-o chiar peste flacără, având grijă să stingeți bucățile care iau foc. Cel mai bun mod de a le găti este să le răsturnați constant până când toate părțile sunt gătite și crocante.
b) Dacă folosiți o sobă electrică, încălziți-le pe un grătar așezat peste arzător și răsturnați-le continuu până când sunt crocante. Fiți atenți – se ard ușor.
c) Așezați papads pe o tavă mare.
d) Cu o pensulă de patiserie, ungeți ușor fiecare papad cu ulei.
e) Într-un castron mic, amestecați împreună ceapa, roșiile și ardei iute.
f) Peste fiecare papad se pun 2 linguri de amestec de ceapa.
g) Completați fiecare papad cu un strop de Chaat Masala și pudră de chile roșu. Serviți imediat.

58.Nuci Masala prăjite

INGREDIENTE:
- 2 căni (276 g) caju crude
- 2 cesti (286 g) migdale crude
- 1 lingură garam masala, Chaat Masala sau Sambhar Masala
- 1 lingurita sare de mare grunjoasa
- 1 lingura ulei
- ¼ cană (41 g) stafide aurii

INSTRUCȚIUNI:
a) Setați un grătar pentru cuptor în cea mai înaltă poziție și preîncălziți cuptorul la 425°F (220°C). Tapetați o foaie de copt cu folie de aluminiu pentru o curățare ușoară.
b) Într-un castron adânc, amestecați toate ingredientele, cu excepția stafidelor, până când nucile sunt acoperite uniform.
c) Aranjați amestecul de nuci într-un singur strat pe foaia de copt pregătită.
d) Coaceți timp de 10 minute, amestecând ușor la jumătatea timpului de gătire pentru a vă asigura că nucile se gătesc uniform.
e) Scoateți tava din cuptor. Adăugați stafidele și lăsați amestecul să se răcească pentru cel puțin 20 de minute. Acest pas este important. Nucile fierte devin mestecate, dar își revin crocante odată ce s-au răcit. Serviți imediat sau păstrați într-un recipient ermetic până la o lună.

59. Migdale și caju prăjite cu condimente Chai

INGREDIENTE:
- 2 căni (276 g) caju crude
- 2 cesti (286 g) migdale crude
- 1 lingura Chai Masala
- 1 lingură jaggery (gur) sau zahăr brun
- ½ linguriță sare de mare grunjoasă
- 1 lingura ulei

INSTRUCȚIUNI:
a) Setați un grătar pentru cuptor în cea mai înaltă poziție și preîncălziți cuptorul la 425°F (220°C). Tapetați o foaie de copt cu folie de aluminiu pentru o curățare ușoară.
b) Într-un castron adânc, combinați toate ingredientele și amestecați bine până când nucile sunt acoperite uniform.
c) Aranjați amestecul de nuci într-un singur strat pe foaia de copt pregătită.
d) Coaceți timp de 10 minute, amestecând la jumătatea timpului de gătire pentru a vă asigura că amestecul se gătește uniform.
e) Scoateți foaia de copt din cuptor și lăsați amestecul să se răcească aproximativ 20 de minute. Acest pas este important. Nucile fierte devin mestecate, dar își revin crocante odată ce s-au răcit.
f) Serviți imediat sau păstrați într-un recipient ermetic până la o lună.

60. Nuci prăjite condimentate Chai

INGREDIENTE:
- 4 căni de nuci amestecate nesărate
- ¼ cană de sirop de arțar
- 3 linguri de ulei de cocos topit
- 2 linguri de zahar de cocos
- 3 lingurițe de ghimbir măcinat
- 2 lingurite de scortisoara macinata
- 2 lingurite de cardamom macinat
- 1 linguriță de ienibahar măcinat
- 1 lingurita de pudra de vanilie pura
- ½ lingurita de sare
- ¼ lingurita de piper negru

INSTRUCȚIUNI:
a) Preîncălziți cuptorul la 325°F (163°C). Tapetați o tavă de copt cu ramă cu hârtie de copt și lăsați-o deoparte.
b) Într-un castron mare, combinați toate ingredientele, cu excepția nucilor. Amestecați bine pentru a crea un amestec aromat.
c) Adăugați nucile amestecate în bol și aruncați-le până când sunt acoperite uniform cu amestecul condimentat.
d) Întindeți nucile acoperite pe foaia de copt pregătită într-un strat uniform.
e) Prăjiți nucile în cuptorul preîncălzit pentru aproximativ 20 de minute. Nu uitați să rotiți tigaia și să amestecați nucile la jumătatea timpului de prăjire pentru a asigura o gătire uniformă.
f) Odată gata, scoateți nucile prăjite din cuptor și lăsați-le să se răcească complet.
g) Păstrați nucile prăjite cu condimente de chai într-un recipient ermetic la temperatura camerei pentru gustări delicioase.

61.Poppers cu naut

INGREDIENTE:
- 4 căni de năut fiert sau 2 cutii de 12 uncii de năut
- 1 lingură garam masala, Chaat Masala sau Sambhar Masala
- 2 lingurițe sare de mare grunjoasă 2 linguri ulei
- 1 linguriță pudră de chile roșu, piper cayenne sau boia de ardei, plus mai mult pentru stropire

INSTRUCȚIUNI:
a) Setați un grătar pentru cuptor în cea mai înaltă poziție și preîncălziți cuptorul la 425°F (220°C). Tapetați o foaie de copt cu folie de aluminiu pentru o curățare ușoară.
b) Scurgeți năutul într-o strecurătoare mare pentru aproximativ 15 minute pentru a scăpa de cât mai multă umezeală. Dacă folosiți conserve, clătiți mai întâi.
c) Într-un castron mare, amestecați ușor toate ingredientele.
d) Aranjați năutul condimentat într-un singur strat pe tava de copt.
e) Gatiti 15 minute. Scoateți cu grijă tava din cuptor, amestecați ușor pentru ca năutul să se gătească uniform și gătiți încă 10 minute.
f) Se lasa sa se raceasca 15 minute. Stropiți cu pudra de chile roșu, ardei cayenne sau boia de ardei.

62.Hummus din nordul Indiei

INGREDIENTE:
- 2 căni (396 g) de fasole sau linte întregi gătite
- Suc de 1 lămâie medie
- 1 cățel de usturoi, decojit, tăiat și tocat grosier
- 1 lingurita sare de mare grunjoasa
- 1 lingurita piper negru macinat
- ½ linguriță Chimen măcinat prăjit
- ½ lingurita coriandru macinat
- ¼ cană (4 g) coriandru proaspăt tocat
- ⅓ cană (79 ml) plus 1 lingură ulei de măsline
- 1–4 linguri (15–60 ml) apă
- ½ lingurita boia de ardei, pentru garnitura

INSTRUCȚIUNI:

a) Într-un robot de bucătărie, combinați fasolea sau lintea, sucul de lămâie, usturoiul, sare, piper negru, chimen, coriandru și coriandru. Procesați până se amestecă bine.

b) Cu mașina încă în funcțiune, adăugați uleiul. Continuați să procesați până când amestecul devine cremos și neted, adăugând apă la nevoie, câte o lingură.

DESERT

63. Chai Tea Pot de Crème

INGREDIENTE:

- 1 cană smântână groasă
- 1 cană lapte integral
- 2 linguri amestec de ceai chai vrac
- ⅓ cană zahăr brun deschis
- 4 gălbenușuri mari
- 1 lingurita extract de vanilie
- Un praf de scortisoara macinata si cardamom macinat (optional, pentru un plus de aroma)

INSTRUCȚIUNI:

a) Preîncălziți cuptorul la 325°F (160°C). Pune un ibric sau o oală cu apă pe aragaz să fiarbă. Veți avea nevoie de asta mai târziu pentru baia de apă.

b) Într-o cratiță medie, combinați smântâna groasă și laptele integral. Se încălzește amestecul la foc mediu până când începe să se aburească, dar nu să fiarbă. Scoateți cratita de pe foc.

c) Adăugați amestecul de ceai Chai în amestecul de cremă-lapte. Dacă doriți să sporiți aromele cu scorțișoară și cardamom, adăugați și un praf din fiecare în amestec. Amestecați ușor pentru a vă asigura că ceaiul este complet scufundat.

d) Lăsați ceaiul chai la infuzat în amestecul de smântână-lapte timp de aproximativ 10-15 minute. Cu cât apeci mai mult, cu atât aroma chai va fi mai puternică.

e) În timp ce ceaiul se înmuie, într-un castron separat, amestecați gălbenușurile de ou și zahărul brun deschis până când amestecul este omogen și cremos.

f) Odată ce ceaiul s-a înmuiat, turnați amestecul de smântână-lapte printr-o sită cu ochiuri fine pentru a îndepărta frunzele de ceai și orice condimente. Ar trebui să aveți un lichid neted, infuzat.

g) Turnați încet amestecul de smântână și lapte infuzat cu chai în vasul cu gălbenușurile de ou și zahărul, amestecând continuu pe măsură ce turnați. Acest lucru este pentru a tempera ouăle, asigurându-vă că nu se amestecă de la căldură.

h) Adăugați extractul de vanilie în amestec. Vanilia va completa aromele de chai și va adăuga profunzime desertului.

i) Acum, este timpul să vă pregătiți ramekinele sau ceștile pentru cremă. Împărțiți amestecul în mod egal între patru rame de 6 uncii.
j) Puneți ramekinele umplute într-o tavă mare de copt sau într-o tavă de prăjire. Creați o baie de apă turnând cu grijă apă fierbinte în vasul mai mare până când ajunge la jumătatea părților laterale ale ramekinelor.
k) Transferați cu grijă tava de copt cu ramekins în cuptorul preîncălzit. Coaceți aproximativ 30-35 de minute sau până când marginile sunt întărite, dar centrul este încă puțin agitat.
l) Odată gata, scoateți ramekinele din baia de apă și lăsați-le să se răcească la temperatura camerei pentru scurt timp.
m) Acoperiți ramekinele cu folie de plastic și lăsați-le la frigider pentru cel puțin 2 ore sau până când sunt bine răcite și întărite.
n) Înainte de servire, puteți orna Chai Tea Pot de Crème cu o stropire de scorțișoară măcinată sau o praf de frișcă, dacă doriți.

64. Brownies infuzat cu ceai Chai

INGREDIENTE:
- 2 plicuri de ceai chai
- 1 cana unt nesarat
- 2 căni de zahăr granulat
- 4 ouă mari
- 1 lingurita extract de vanilie
- 1 cană de făină universală
- ½ cană pudră de cacao
- ¼ lingurita sare
- ½ cană nuci sau nuci tocate (opțional)

INSTRUCȚIUNI:
a) Preîncălziți cuptorul la 350 ° F și ungeți o tavă de copt de 9 x 13 inci.
b) Topiți untul într-o cratiță la foc mic. Adaugati continutul pliculetelor de ceai chai si lasati-le la infuzat cateva minute. Scoateți pliculețele de ceai și lăsați untul să se răcească puțin.
c) Într-un castron, combinați untul topit, zahărul, ouăle și extractul de vanilie. Amesteca bine.
d) Într-un castron separat, amestecați făina, pudra de cacao și sarea. Adăugați treptat ingredientele uscate la ingredientele umede și amestecați până se omogenizează.
e) Îndoiți nucile tocate (dacă folosiți).
f) Turnați aluatul în tava de copt pregătită și întindeți-l uniform.
g) Coaceți aproximativ 25-30 de minute, sau până când o scobitoare introdusă în centru iese cu câteva firimituri umede.
h) Lăsați brownies-urile să se răcească înainte de a le tăia în pătrate.

65. Flan condimentat Chai

INGREDIENTE:
- 1 cană zahăr
- 1 ½ cană de smântână groasă
- ½ cană lapte integral
- 6 galbenusuri mari
- ¼ lingurita sare
- 2 plicuri de ceai chai
- 1 baton de scortisoara
- ½ linguriță de ghimbir măcinat
- ¼ linguriță cuișoare măcinate

INSTRUCȚIUNI
a) Preîncălziți cuptorul la 325°F.
b) Într-o cratiță medie, încălziți zahărul la foc mediu, amestecând continuu până se topește și devine maro auriu.
c) Se toarnă zahărul topit într-o formă pentru flan de 9 inci, învârtindu-se pentru a acoperi fundul și părțile laterale ale formei.
d) Într-o cratiță mică, încălziți smântâna groasă, laptele integral, pliculețele de ceai chai, batonul de scorțișoară, ghimbirul, cuișoarele și sarea la foc mediu, amestecând constant până când se fierbe.
e) Se ia de pe foc si se lasa la infuzat 10 minute.
f) Într-un castron separat, amestecați gălbenușurile de ou.
g) Scoateți pliculețele de ceai și batonul de scorțișoară din amestecul de smântână și turnați amestecul printr-o sită cu ochiuri fine în gălbenușurile de ou, amestecând continuu.
h) Se toarnă amestecul în forma pentru flan.
i) Puneți forma într-o tavă mare de copt și umpleți vasul cu suficientă apă fierbinte pentru a ajunge la jumătatea părților laterale ale formei.
j) Coaceți timp de 50-60 de minute sau până când flanul este întărit și se zgâlțâie ușor când este agitat.
k) Scoateți din cuptor și lăsați să se răcească la temperatura camerei înainte de a da la frigider pentru cel puțin 2 ore sau peste noapte.
l) Pentru a servi, treceți un cuțit pe marginile formei și răsturnați-l pe un platou de servire.

66. Sandviş cu îngheţată cu nuci Chai

INGREDIENTE:
- 2 cani de lapte de soia sau de canepa (grasime plina)
- ¾ cană de zahăr din trestie evaporat
- ¼ lingurita de scortisoara macinata
- ¼ linguriță de ghimbir măcinat
- 1 lingurita extract de vanilie
- 1½ cani de caju crude
- 4 plicuri de ceai chai
- 1/16 lingurita guma guar

INSTRUCȚIUNI:
a) Într-o cratiță mare, combinați laptele și zahărul. La foc mediu, aduceți amestecul la fierbere, amestecând des.
b) Odată ce ajunge la fierbere, reduceți focul la mediu-mic și bateți constant până când zahărul se dizolvă, aproximativ 5 minute.
c) Se ia de pe foc, se adaugă scorțișoara, ghimbirul și vanilia și se amestecă.
d) Puneți caju și pliculețele de ceai chai în fundul unui vas termorezistent și turnați peste ele amestecul de lapte fierbinte. Lasati sa se raceasca complet. După ce s-au răcit, stoarceți pliculețele de ceai și aruncați-le.
e) Transferați amestecul într-un robot de bucătărie sau într-un blender de mare viteză și procesați până la omogenizare, oprindu-se să răzuiți părțile laterale după cum este necesar.
f) Spre sfârșitul procesării, presară guma de guar și asigură-te că este bine încorporată.
g) Turnați amestecul în vasul unui aparat de înghețată de 1½ sau 2 litri și procesați conform instrucțiunilor producătorului. Păstrați într-un recipient ermetic la congelator cel puțin 2 ore înainte de a asambla sandvișurile.

SA FAC SANDWICHURI
h) Lăsați înghețata să se înmoaie ușor, astfel încât să fie ușor de scos. Pune jumătate din fursecuri, cu fundul în sus, pe o suprafață curată. Pune o linguriță generoasă de înghețată, aproximativ ⅓ cană, pe partea de sus a fiecărui prăjitură.
i) Acoperiți înghețata cu fursecurile rămase, cu fundul biscuitului atingând înghețata. Apăsați ușor pe cookie-uri pentru a le nivela.
j) Înfășurați fiecare sandviș în folie de plastic sau hârtie cerată și întoarceți-l la congelator timp de cel puțin 30 de minute înainte de a mânca.

67.Indian Masala Chai Affogato

INGREDIENTE:
- 1 lingură de înghețată sau înghețată masala chai
- 1 shot de ceai chai
- seminte de cardamom zdrobite
- fistic zdrobit

INSTRUCȚIUNI
a) Pune o lingură de gelato sau înghețată masala chai într-un pahar de servire.
b) Se toarnă o doză de ceai chai peste gelato.
c) Se presara cu seminte de cardamom zdrobite.
d) Se ornează cu fistic zdrobit.
e) Serviți imediat și savurați aromele calde și aromate ale masala chai indian.

68.Popsicles Boba Chai-Lapte de Cocos

INGREDIENTE:
- 1 cană Boba preparată
- 8 uncii de concentrat Chai
- 8 uncii de lapte de cocos
- 10 bețișoare de popsicle

INSTRUCȚIUNI:

a) Pentru a pregăti Boba: fie urmați instrucțiunile de pe ambalaj, fie dacă îl cumpărați în vrac, combinați ¾ de cani de boba uscată cu 6 căni de apă clocotită. Când boba începe să plutească (în doar câteva minute), dați focul la mediu și lăsați-o să fiarbă timp de 12 minute. După 12 minute, opriți focul și lăsați boba să stea în apă încălzită încă 15 minute. Scoateți cu o lingură cu fantă.

b) Combinați boba, chai și laptele de cocos într-un castron sau borcan și lăsați să stea timp de 30 de minute.

c) După treizeci de minute, strecoară lichidul din boba, rezervând lichidul. Puneți boba uniform cu lingura în formele pentru popsicle.

d) Puneți amestecul de lapte de chai într-o ceașcă de măsurat sau într-un alt recipient cu gura de scurgere pentru a ușura turnarea. Turnați uniform chai-ul în formele pentru popsicle.

e) Puneți capacul formei pentru palete deasupra formelor umplute. Adăugați o foaie de folie peste capac pentru a ajuta la fixarea bețișoarelor de popsicle. Introduceti betisoarele in forme si puneti-le in congelator. Congelați complet.

f) Pentru a scoate paletele din forme, treceți formele (nu partea superioară expusă cu bățul) sub apă fierbinte timp de câteva secunde până când paletele se îndepărtează ușor.

69.Cupcakes Chai Latte

INGREDIENTE:
PENTRU AMESTECUL DE MIRODIENE DE SCAUN:
- 2 și ½ lingurițe de scorțișoară măcinată
- 1 și ¼ linguriță de ghimbir măcinat
- 1 și ¼ linguriță de cardamom măcinat
- ½ linguriță de ienibahar măcinat

PENTRU CUPCAKES:
- 1 plic de ceai chai
- ½ cană (120 ml) lapte integral, la temperatura camerei
- 1 și ¾ de cană (207 g) făină de prăjitură (liniată și nivelată)
- 3 și ½ lingurițe amestec de condimente chai (mai sus)
- ¾ lingurita de praf de copt
- ¼ lingurita de bicarbonat de sodiu
- ¼ lingurita sare
- ½ cană unt nesărat, înmuiat
- 1 cană zahăr granulat
- 3 albusuri mari, la temperatura camerei
- 2 lingurite extract pur de vanilie
- ½ cană smântână sau iaurt simplu, la temperatura camerei

PENTRU CREMA DE UNT CHAI SPICE:
- 1 cană și jumătate de unt nesărat, înmuiat
- 5,5 – 6 căni de zahăr cofetar
- 2 lingurițe de amestec de condimente chai, împărțite
- ¼ cană smântână groasă
- 2 lingurite extract pur de vanilie
- Putina sare

OPTIONAL PENTRU GARNITURA:
- Bete de scortisoara

INSTRUCȚIUNI:
PREGĂTIȚI AMESTECUL DE CONDIȚII DE CHAI:
a) Combinați toate condimentele Chai pentru a crea amestecul de condimente. Veți avea nevoie de 5 și ½ lingurițe în total pentru aluatul de cupcake, cremă de unt și garnitură.
b) Încinge laptele până când este fierbinte (dar nu fierbe), apoi se toarnă peste plicul de ceai chai. Lăsați-l să se infuzeze timp de 20-

30 de minute. Asigurați-vă că laptele chai este la temperatura camerei înainte de a-l folosi în aluatul de cupcake. Acesta poate fi preparat cu o zi înainte și păstrat la frigider.

c) Preîncălziți cuptorul la 350 ° F (177 ° C) și tapetați o tavă pentru brioșe cu căptușeală pentru cupcake. Pregătiți o a doua tigaie cu 2-3 căptușeală ca această rețetă

FACEȚI cupcakes:

d) Într-un castron separat, amestecați făina de prăjitură, 3 și ½ lingurițe de amestec de condimente Chai, praful de copt, bicarbonatul de sodiu și sarea. Pune acest amestec uscat deoparte.

e) Folosind un mixer portabil sau cu stand, bateți untul și zahărul granulat până devine omogen și cremos (aproximativ 2 minute). Răzuiți părțile laterale ale vasului după cum este necesar. Adaugati albusurile spuma si continuati sa bateti pana se omogenizeaza (inca 2 minute). Se amestecă smântâna și extractul de vanilie.

f) La viteză mică, adăugați treptat ingredientele uscate la amestecul umed. Se amestecă până se încorporează. Apoi, cu mixerul încă la mic, turnați încet laptele de chai, amestecând până se omogenizează. Evitați amestecarea excesivă; aluatul trebuie sa fie usor gros si aromat.

g) Împărțiți aluatul în căptușeli de cupcake, umplându-le fiecare aproximativ ⅔.

h) Coaceți 20-22 de minute, sau până când o scobitoare introdusă în centru iese curată.

i) Pentru mini cupcakes, coaceți aproximativ 11-13 minute la aceeași temperatură a cuptorului. Lăsați cupcakes să se răcească complet înainte de a îngheța.

j) Preparați crema de unt Chai Spice: Folosind un mixer portabil sau cu suport prevăzut cu un accesoriu cu palete, bateți untul înmuiat la viteză medie până devine cremos (aproximativ 2 minute). Adăugați 5½ căni (660 g) de zahăr de cofetă, smântână groasă, 1¾ linguriță de amestec de condimente Chai, extract de vanilie și un praf de sare.

k) Începeți la viteză mică timp de 30 de secunde, apoi creșteți la viteză mare și bateți timp de 2 minute. Dacă glazura pare închegată sau grasă, adăugați mai mult zahăr de cofetă pentru a obține o consistență netedă.
l) Puteți încorpora până la o jumătate de cană suplimentară de zahăr de cofetă, dacă este necesar. Dacă glazura este prea groasă, adăugați o lingură de smântână. Gustați și ajustați sarea dacă glazura este prea dulce.
m) Înghețați cupcakes răciți și decorați după cum doriți. Utilizați un vârf Wilton 8B, adăugând bețișoare de scorțișoară pentru decor și pudând cu un amestec din amestecul de condimente Chai rămas și un praf de zahăr granulat.
n) Păstrați resturile la frigider până la 5 zile.
o) Bucurați-vă de cupcakes chai latte de casă!

70. Masala Chai Panna Cotta

INGREDIENTE:
- ¼ cană lapte
- 1 lingura frunze de ceai
- 1 baton de scortisoara
- 2 cuişoare Cardamom
- ½ lingurita de nucsoara
- 2 căni de smântână proaspătă
- ⅓ cană de zahăr
- Un praf de piper negru
- 1 lingurita extract de vanilie
- 1 lingurita Gelatina
- 3 linguri apă rece

INSTRUCŢIUNI:

a) Începeţi prin a unge interiorul a patru rame de şase uncii cu puţin ulei. Ştergeţi-le pentru a îndepărta orice exces de ulei.

b) Într-o cratiţă, combinaţi laptele, frunzele de ceai, scorţişoara, cardamomul şi nucşoara. Se aduce la fierbere, apoi se reduce focul si se lasa sa fiarba 2-3 minute.

c) Adăugaţi smântână, zahăr şi un praf de piper negru în cratiţă. Se bate la foc mic până când zahărul se dizolvă complet. Se amestecă extractul de vanilie.

d) În timp ce amestecul fierbe, înflorește gelatina adăugând-o în apă rece. Odată ce a înflorit complet, incorporează-l în amestecul de panna cotta, asigurându-te că este bine combinat.

e) Strecuraţi amestecul folosind o sită şi o cârpă pentru a îndepărta eventualele sedimente rămase. Împărţiţi acest amestec neted în ramekins pregătiţi şi lăsaţi-le să se răcească la temperatura camerei. După aceea, dă-le la frigider pentru minim 3 ore, dar pot fi păstrate la frigider până la o zi.

f) Pentru a desface panna cotta, treceţi uşor un cuţit de-a lungul marginilor fiecărui ramekin. Apoi, scufundaţi scurt ramekins în apă caldă pentru aproximativ 3-4 secunde. Lăsaţi-le să stea încă 5 secunde şi apoi răsturnaţi-le pe o farfurie. Apăsaţi uşor pentru a ajuta panna cotta să se elibereze.

g) Bucuraţi-vă de Masala Chai Panna Cotta rafinată!

71. Budincă de orez cu condimente Chai

INGREDIENTE:
PENTRU OREZ:
- 1 ½ cană apă
- 1 baton de scorțișoară (3 inchi).
- 1 anason stelat întreg
- 1 cană de orez iasomie

PENTRU BUDINCA:
- 1 ¼ linguriță de scorțișoară măcinată, plus mai multă pentru garnitură
- 1 lingurita de ghimbir macinat
- ¾ linguriță cardamom măcinat
- ½ lingurita sare kosher
- Un praf de piper negru macinat
- 1 lingurita extract de vanilie
- 3 (13 ½ uncii) cutii de lapte de cocos neîndulcit, împărțite
- 1 cană de zahăr brun la pachet
- Fulgi de cocos prajiti, garnitura optionala

INSTRUCȚIUNI:
a) Într-o oală de 4 litri, combinați apa, batonul de scorțișoară și anasonul stelat și aduceți apa la fiert la foc mediu-mare. Adăugați orezul și reduceți focul la mic. Acoperiți oala și gătiți-o la abur până nu mai devine crocantă, aproximativ 15 minute.

b) Într-un castron mic, combinați condimentele. Adăugați extractul de vanilie și ¼ de cană de lapte de cocos la condimente și amestecați pentru a crea o pastă netedă. Acest lucru împiedică condimentele să se aglomereze atunci când le adăugați la orezul aburit.

c) Odată ce orezul s-a terminat de gătit, adăugați în oală 4 căni de lapte de cocos și pasta de condimente. Răzuiți fundul oalei pentru a slăbi orice orez care s-ar putea bloca.

d) Aduceți amestecul la fiert ușor la foc mic, neacoperit și gătiți fără a amesteca timp de 15 minute. Suprafața budincii de orez ar trebui să dezvolte bule mici; dacă bule mari, care se mișcă rapid, sparg suprafața laptelui, reduceți temperatura. Nu-l amestecați pentru că nu doriți ca orezul să se rupă. La suprafață se va forma o piele, dar e bine!

e) După 15 minute, adăugați zahărul brun și amestecați budinca (de asemenea, amestecați orice piele care s-a format). Când răzuiți fundul vasului, va suna ca foșnet de hârtie. Fierbeți încă 20 de minute, amestecând des, sau până când budinca s-a îngroșat până la consistența maionezei.

f) Scoateți batonul de scorțișoară și anasonul stelat din budincă și aruncați-l. Transferați budinca într-un vas de mică adâncime (cum ar fi o farfurie de plăcintă sau o caserolă) și lăsați-o la frigider până se răcește, cel puțin 3 ore sau până la noapte.

g) Chiar înainte de servire, amestecați laptele de cocos rămas. Pune budinca în feluri de mâncare individuale și ornează cu un strop de scorțișoară măcinată și fulgi de cocos prăjiți.

h) Păstrați resturile într-un recipient acoperit la frigider timp de până la 3 zile.

72.Cheesecake Chai

INGREDIENTE:
AMEStec de condimente CHAI
- 1 lingurita de ghimbir macinat
- 1 lingurita de scortisoara macinata
- ½ linguriță de cuișoare măcinate, nucșoară și cardamom

CRUSTĂ
- 7 uncii Biscuiți Biscoff/Speculoos, zdrobiți fin
- 1 uncie unt, topit
- 1 ½ linguriță de amestec de condimente Chai

Umplutură de cheesecake
- 16 uncii de brânză cremă, înmuiată
- ½ cană grămadă de zahăr granulat
- 2 uncii de smântână
- 1 uncie cremă grea
- 1 Pastă de boabe de vanilie, răzuită
- 2 lingurițe mix de condimente Chai
- 2 ouă mari, la temperatura camerei

TOPING
- 8 uncii smântână pentru frișcă
- 1 lingurita Extract de vanilie
- 2 linguri de zahăr pudră
- 2 lingurite de lapte praf uscat

INSTRUCȚIUNI:
AMEStec de condimente CHAI

a) Preîncălziți cuptorul la 350F și ungeți o tavă cu arc de 8 inchi sau o tavă de 8 inchi cu fund detașabil. Pune-o deoparte.

b) Într-un castron mic, combinați ghimbirul măcinat, scorțișoara, cuișoarele, nucșoara și cardamomul. Bateți până se combină bine. Pus deoparte.

CRUSTĂ

c) Intr-un robot de bucatarie adaugam biscuitii Biscoff si pulsam pana devin firimituri fine.

d) Într-un castron mare, adăugați firimiturile, 1 ½ linguriță de condimente Chai și untul topit. Se amestecă pentru a se combina.

e) Apăsați uniform amestecul pe părțile laterale și pe fundul cratiței. Se coace 10 minute la cuptor.

CHEESECECAKE
f) Adăugați cremă de brânză în bolul unui mixer electric prevăzut cu un accesoriu cu palete. Bate pentru un minut.
g) Adăugați zahăr, smântână, smântână groasă, boabe de vanilie și 2 lingurițe de condiment Chai. Se amestecă până se combină.
h) Odată combinate, adăugați ouăle pe rând, până când se combină. Evitați amestecarea excesivă pentru a preveni crăpăturile.
i) Turnați amestecul de cheesecake în crusta precoaptă.
j) Puneți tigaia într-o tigaie rotundă de 10 inchi sau înfășurați un strat gros de folie în jurul și în sus pe părțile laterale ale tigaii (acest lucru împiedică intrarea apei în interiorul tigaii).
k) Puneți tigăile într-o tavă și turnați apă în tavă până când ajunge la jumătatea părților laterale ale tăvilor de prăjitură cu brânză. Aveți grijă să nu stropiți cu apă în cheesecake.
l) Coaceți timp de 60-70 de minute, sau până când doar centrul cheesecake-ului se mișcă.
m) Odată copt, opriți cuptorul și lăsați cheesecake-ul să se răcească în cuptor timp de 1 oră. Apoi se răcește pe blat încă o oră și se dă la frigider pentru cel puțin 8 ore. Peste noapte este cel mai bine.

TOPING
n) În bolul unui mixer electric cu un accesoriu de tel, bateți smântâna groasă, extractul de vanilie, zahărul pudră și laptele praf uscat până se formează vârfuri tari.
o) Într-o pungă prevăzută cu vârf stea, adăugați frișcă și puneți-o pe cheesecake răcit.
p) Presărați condimentele Chai rămase deasupra cheesecake-ului și frișcă.
q) Păstrați la frigider.

73.Masala Chai Tiramisu

INGREDIENTE:
PENTRU MASALA CHAI:
- 1 cană jumătate și jumătate sau lapte integral
- ¼ cană smântână groasă
- ½ inch ghimbir proaspăt, măcinat grosier într-un pistil de mortar
- 1,5 linguri de ceai negru liber sau 3 pliculete de ceai negru
- 1 lingurita chai masala
- 2 linguri de zahar

PENTRU smântâna de mascarpone:
- 8 uncii de brânză mascarpone la temperatura camerei
- 1,5 căni de smântână groasă
- ½ cană zahăr granulat (poate ajunge la ⅓ cană)
- 1,5 lingurite de chai masala
- 20 de doamne

PENTRU CHAI MASALA:
- 8 păstăi de cardamom verde
- 2 cuișoare
- Un praf de anason
- ¼ lingurita de nucsoara, proaspat rasa
- ¼ linguriță de piper negru pudră
- ½ lingurita de scortisoara macinata

INSTRUCȚIUNI:
FACEȚI CHAI MASALA:
a) Deschideți păstăile de cardamom și bateți fin semințele împreună cu cuișoarele într-un mojar și un pistil sau folosiți o râșniță dedicată de condimente/cafea.

b) Într-un castron mic, amestecați cardamomul și cuișoarele pudrate cu anason, nucșoară, pudră de piper negru și scorțișoară măcinată. Chai masala ta este gata.

FACEȚI MASALA CHAI:
c) Într-o oală mică, combinați jumătate și jumătate și smântâna groasă. Așezat pe o sobă. Odată ce vedeți bule pe părțile laterale ale oalei, adăugați ghimbirul, chai masala, frunzele de ceai negru și zahărul.

d) Se lasa sa dea in clocot si apoi se reduce focul la mic-mediu. Lăsați chaiul la fiert timp de 5-8 minute. Urmăriți îndeaproape pentru a evita arderea.
e) Odată ce chai-ul este preparat și este gros și de o culoare maro intens, se strecoară folosind o strecurătoare de ceai într-o ceașcă mare și se lasă să se răcească.
f) Se va forma o peliculă pe măsură ce chai-ul se răcește, ceea ce este natural, așa că strecurați-l din nou într-un vas mic.

FACEȚI MASCARPONUL BUCUT:

g) Adăugați mascarpone înmuiat împreună cu chai masala și 2-3 linguri de smântână groasă. Bateți la foc mediu folosind un mixer cu suport sau un mixer manual timp de 30-45 de secunde până devine ușor pufos.
h) Adăugați restul de smântână groasă în bol și bateți până când vedeți vârfuri moi. Adăugați încet zahărul și continuați să bateți până când vedeți vârfuri tari.

ASSAMLAȚI TIRAMISUL:

i) Înmuiați degetele în masala chai pentru maximum 3 secunde (altfel se vor udă). Așezați-le într-un singur strat în partea de jos a unei tavi de 8x8. Evitați să împachetați prea strâns degetele.
j) Adăugați jumătate din amestecul de mascarpone bătut deasupra degetelor. Se netezește folosind o spatulă.
k) Repetați cu un alt strat de degete înmuiate în șezut. Puneți deasupra amestecul de mascarpone rămas și folosiți o spatulă pentru a o netezi.
l) Acoperiți tava cu folie alimentară și dați-o la frigider pentru cel puțin 6 ore (de preferință peste noapte).
m) Pudrați cu puțin chai masala înainte de servire.

74. Chai Spice Apple Crisp

INGREDIENTE:
PENTRU Umplutura cu mere CHAI SPICE:
- 10 mere de mărime medie, decojite și tăiate felii de ¼".
- 2 lingurite suc proaspat de lamaie
- 2 linguri de făină universală
- ½ cană zahăr granulat
- 1 și ½ linguriță de scorțișoară măcinată
- 1 lingurita de ghimbir macinat
- ½ lingurita nucsoara
- ¼ linguriță cuișoare
- ¼ linguriță ienibahar
- ¼ de linguriță cardamom măcinat
- ⅛ linguriță piper negru măcinat

PENTRU TOPPING CRISP DE SAC DE OVAZ:
- 8 uncii unt nesărat, la temperatura camerei, tăiat în cuburi
- 1 cană și jumătate de ovăz de modă veche
- ¾ cană zahăr granulat
- ¾ cană zahăr brun deschis, bine ambalat
- ¾ lingurita de scortisoara macinata
- ½ linguriță de ghimbir măcinat
- ¼ linguriță cuișoare măcinate
- ¼ linguriță ienibahar
- ¼ de linguriță cardamom măcinat
- ⅛ linguriță piper negru măcinat
- 1 cană de făină universală

INSTRUCȚIUNI:
PENTRU Umplutura cu mere CHAI SPICE:
a) Preîncălziți cuptorul la 375 de grade (F). Ungeți ușor o tavă de copt de 9 x 13 inci.
b) Pune merele feliate într-un castron mare și amestecă-le cu sucul de lămâie.
c) Într-un castron mediu, combinați făina, zahărul și condimentele. Se presară acest amestec peste mere și se amestecă bine pentru a se acoperi.

d) Turnați amestecul de mere în vasul de copt pregătit și lăsați-l deoparte în timp ce faceți toppingul de pesmet.

PENTRU TOPPING CRISP DE SAC DE OVAZ:

e) Într-un castron mare, combinați ovăzul, zaharurile, condimentele și făina.
f) Adăugați untul tăiat cuburi și, folosind două furculițe sau un blender de patiserie, tăiați untul în ingredientele uscate până când amestecul seamănă cu o masă grosieră.
g) Se presară uniform toppingul peste mere.
h) Puneți tava la cuptor și coaceți timp de 45 până la 50 de minute sau până când blatul devine maro auriu și merele clocotesc.
i) Scoateți din cuptor și puneți tava pe un grătar de răcire. Se serveste cald, de preferat cu inghetata.

75. Trufe de ciocolată cu condimente Chai

INGREDIENTE:
- 200 de grame de crema de cocos
- 2 lingurițe Chai Masala/ Chai Spice Powder
- 400 de grame de ciocolată neagră, la temperatura camerei
- 2 linguri Pudra de cacao, pentru rularea trufelor

INSTRUCȚIUNI:

a) Într-o cratiță mică, abia încălzește smântâna. Adăugați condimentul chai.

b) Lăsați smântâna și condimentele la infuzat timp de 15 minute. Pentru o aromă mai puternică, lăsați crema să se infuzeze timp de 30-60 de minute.

c) Acum puteți strecura crema sau o puteți folosi ca atare. Am ales să-l folosesc neîncordat.

d) Reincalzeste crema la o caldura neteda si adauga ciocolata. Amestecați ușor până când toată ciocolata se topește și este netedă și strălucitoare.

e) Transferați într-un bol puțin adânc și dați la frigider pentru 30-40 de minute.

f) Folosind o lingură mică de prăjituri sau o lingură, scoateți bile mici.

g) Le puteți pune la frigider pentru 10-15 minute. Rulați în bile netede și dați din nou la frigider pentru câteva minute.

h) Rulați trufele în pudră de cacao, serviți imediat și bucurați-vă!

76. Înghețată Chai

INGREDIENTE:
- 2 stele de anason stelat
- 10 cuișoare întregi
- 10 ienibahar întreg
- 2 batoane de scortisoara
- 10 boabe de piper alb întregi
- 4 păstăi de cardamom, deschise la semințe
- ¼ de cană de ceai negru cu corp (mic dejun din Ceylon sau englezesc)
- 1 cană lapte
- 2 cani de smantana grea (divizata, 1 cana si 1 cana)
- ¾ cană zahăr
- Un praf de sare
- 6 gălbenușuri de ou (vezi cum se separă ouăle)

INSTRUCȚIUNI:
a) Într-o cratiță grea puneți 1 cană de lapte, 1 cană de smântână și condimentele chai - anason stelat, cuișoare, ienibahar, batoane de scorțișoară, boabe de piper alb și păstăi de cardamom și un praf de sare.
b) Se încălzește amestecul până devine abur (nu fierbe) și fierbinte la atingere. Reduceți focul la încălzire, acoperiți și lăsați să stea timp de 1 oră.
c) Reîncălziți amestecul până când este din nou fierbinte (din nou nu fierbe), adăugați frunzele de ceai negru, luați de pe foc, amestecați ceaiul și lăsați la infuzat timp de 15 minute.
d) Folosiți o strecurătoare cu plasă fină pentru a strecura ceaiul și condimentele, turnând amestecul de cremă de lapte infuzat într-un castron separat.
e) Întoarceți amestecul de lapte și smântână în cratița cu fundul greu. Adăugați zahărul în amestecul de lapte-smântână și încălziți, amestecând, până când zahărul este complet dizolvat.
f) În timp ce ceaiul se infuzează în pasul anterior, pregătiți restul de 1 cană de smântână peste o baie de gheață.

g) Turnați crema într-un vas de metal de dimensiuni medii și puneți-o în apă cu gheață (cu multă gheață) peste un castron mai mare. Puneți o sită cu plasă deasupra bolurilor. Pus deoparte.
h) Bateți gălbenușurile într-un castron de mărime medie. Turnați încet amestecul de smântână de lapte încălzit în gălbenușurile de ou, amestecând încontinuu, astfel încât gălbenușurile să fie temperate de amestecul cald, dar să nu fie fierte de acesta. Răzuiți gălbenușurile încălzite înapoi în cratiță.
i) Întoarceți cratița pe aragaz, amestecând constant amestecul la foc mediu cu o lingură de lemn, răzuind fundul în timp ce amestecați până când amestecul se îngroașă și îmbracă lingura, astfel încât să puteți trece degetul peste acoperire și să nu curgă stratul. Acest lucru poate dura aproximativ 10 minute.
j) În momentul în care se întâmplă acest lucru, amestecul trebuie scos imediat de pe foc și turnat prin sită peste baia de gheață pentru a opri gătitul în pasul următor.

COCKTAILURI ŞI MOCKTAILURI

77.Cocktail Chai Ginger Bourbon

INGREDIENTE:
- 8 uncii de whisky bourbon
- 1 pliculeț de ceai negru
- 4 uncii de bere de ghimbir
- ½ uncie sirop simplu
- ½ uncie suc proaspăt de lămâie
- 1 strop de bitter de portocale
- Batoane de scortisoara pentru decor

INSTRUCȚIUNI:
a) Încălziți bourbonul într-o cratiță mică la foc foarte mic până când se încălzește; apoi se ia de pe foc.
b) Adăugați o pliculețe de ceai la bourbonul cald și lăsați la macerat timp de 10 minute. Se lasa sa se raceasca.
c) Pentru a face 1 cocktail, adăugați 2 uncii de whisky infuzat cu ceai chai, bere cu ghimbir, sirop simplu, suc proaspăt de lămâie și bitter de portocale într-un shaker de cocktail.
d) Acoperiți și agitați până se combină bine și se răcește.
e) Strecurați amestecul într-un pahar de 8 uncii umplut cu gheață.
f) Se orneaza cu batoane de scortisoara.
g) Savurează-ți cocktailul Chai Ginger Bourbon!

78.Chai Martini

INGREDIENTE:
- 2 uncii de vodcă
- 1 uncie concentrat de chai răcit
- ½ uncie suc de lămâie proaspăt stors
- Strop de scortisoara macinata
- Cuburi de gheață la nevoie

PENTRU JANTE:
- ¼ lingurita de scortisoara macinata
- 2 lingurite de zahar

INSTRUCȚIUNI:

a) Combinați scorțișoara măcinată și zahărul, apoi puneți-o într-un vas mic. Frecați ușor marginea unui pahar răcit cu lime și scufundați-l în amestecul de zahăr cu scorțișoară.
b) Umpleți un shaker cu cuburi de gheață.
c) Adăugați vodcă, concentrat de ceai Chai răcit, suc proaspăt de lămâie și un vârf de scorțișoară măcinată în agitator.
d) Agitați puternic amestecul timp de aproximativ 30 de secunde pentru a răci ingredientele.
e) Turnați amestecul într-un pahar de martini.
f) Terminați prin ornat cu un baton de scorțișoară și serviți prompt."

79.Chai White Russian

INGREDIENTE:
- 2 căni de lichior Chai
- 2 căni de vodcă
- 2 căni de smântână groasă

INSTRUCȚIUNI:
a) Pregătiți lichiorul Chai.
b) Într-un pahar de modă veche umplut cu gheață, combină părți egale vodcă și lichior Chai.
c) Terminați prin a-l acoperi cu o cantitate egală de smântână groasă.

80.Vanilla Chai La modă veche

INGREDIENTE:
- 2 uncii Crown Royal Vanilie
- 1 uncie suc de lamaie
- 1 strop de bitter de portocale
- 1-2 uncii de sirop de ceai chai
- Apa spumanta, pentru topping
- Scorțișoară și anason stelat, pentru decor

INSTRUCȚIUNI:
a) Într-un shaker de cocktail, combinați Crown Royal Vanilla, sucul de lămâie, bitterul de portocale și siropul chai. Agitați bine pentru a amesteca aromele.
b) Se strecoară amestecul într-un pahar.
c) Dacă doriți, completați-l cu apă minerală.
d) Ornează-ți băutura cu un strop de scorțișoară și anason stelat pentru acea notă suplimentară de eleganță.

81.Rețetă Chai Hot Toddy

INGREDIENTE:
- 3 căni de apă
- 1 baton de scortisoara
- 6 cuişoare întregi
- 6 păstăi de cardamom, uşor zdrobite
- 2 plicuri de ceai chai
- ¼ cană rom condimentat sau bourbon
- 2 linguri miere
- 1 lingură suc de lămâie proaspăt stors sau 2 felii de lămâie

INSTRUCȚIUNI:
a) Într-o cratiță medie, combinați apa, batoanele de scorțișoară, cuișoarele și păstăile de cardamom ușor zdrobite. Dacă aveți un infuzor de ceai, puteți pune condimentele în el pentru a evita strecurarea ulterioară. Aduceți amestecul la fiert.
b) Scoateți cratita de pe foc și adăugați pliculețele de ceai chai. Acoperiți și lăsați-le la infuzat timp de 15 minute. După aceea, strecoară amestecul printr-o sită cu ochiuri fine pentru a îndepărta pliculețele de ceai și condimentele.
c) Întoarceți ceaiul condimentat în tigaie și reîncălziți până se încălzește.
d) Adăugați romul condimentat (sau bourbonul), mierea și sucul de lămâie, dacă preferați. Amesteca bine.
e) Împărțiți toddy-ul fierbinte între două căni încălzite și serviți imediat. Alternativ, serviți fiecare cană cu o felie de lămâie pentru a le stoarce în suc după gust. Bucurați-vă!

82. Sangria de Merișoare Chai

INGREDIENTE:
- 1 ½ cană suc de afine
- 2 plicuri de ceai chai
- 1 sticla de pinot noir
- 1 cană seltzer cu aromă de citrice
- ½ cană coniac de ghimbir
- 2 mere, feliate subțiri
- 2 portocale, feliate subțiri
- 1 pară, feliată subțire
- 1 cană de afine proaspete
- 1 baton de scortisoara, plus extra pentru garnitura

INSTRUCȚIUNI:
a) Se încălzește sucul de afine într-o cratiță la foc mic până aproape că fierbe. Se ia de pe foc si se adauga pliculetele de ceai chai. Lăsați-le la infuzat timp de 15 minute. Gustați pentru a verifica dacă este suficient de condimentat cu chai; puteți repeta procesul cu un nou plic de ceai dacă doriți.

b) Într-un ulcior, combinați merele feliate, perele, merisoarele și feliile de portocale. Adăugați un baton de scorțișoară.

c) Se toarnă sucul de afine înmuiat Chai, pinot noir, seltzer cu aromă de citrice și brandy de ghimbir. Se amestecă bine pentru a se combina.

d) Dacă doriți, lăsați sangria să stea timp de 30 de minute pentru a permite aromelor să se topească.

e) Pentru a servi, umpleți un pahar cu gheață și felii de portocală. Se toarnă chai sangria deasupra și se ornează cu câteva fructe și câteva batoane de scorțișoară. Bucurați-vă!

83. Chai Sparkler

INGREDIENTE:
- 8 uncii de concentrat Masala Chai
- 8 uncii de apă minerală spumante
- O stoarcere de var

INSTRUCȚIUNI:
a) Umpleți un pahar cu gheață.
b) Adăugați Masala Chai concentrat în pahar.
c) Se toarnă apă minerală spumante.
d) Stoarceți un lime peste amestec.
e) Se amestecă ingredientele pentru a le incorpora.
f) Se ornează cu o coajă de lime sau o felie.
g) Bucurați-vă de Chai Sparkler!

84. Limonadă de zmeură Chai

INGREDIENTE:
- ¾ cană de gheață
- 1 uncie de concentrat de limonada, 7+1, dezghețat
- 1 uncie sirop de zmeură
- 2 uncii Original Chai Tea Latte
- 6 uncii sifon de lamaie-lime
- 2 zmeură roșie proaspătă
- 1 felie Lămâie, tăiată și feliată

INSTRUCȚIUNI:
a) Spălați-vă mâinile și toate produsele proaspete, neambalate sub apă curentă. Scurgeți bine.
b) Puneți gheață într-un pahar de băutură de 16 uncii.
c) Turnați concentratul de limonadă, siropul de zmeură, concentratul de ceai chai și sifonul de lămâie-lamaie peste gheață și amestecați bine cu o lingură de bar cu mâner lung.
d) Frigarui zmeura sau culegi-le.
e) Tăiați la jumătatea lămâii tăiate felii.
f) Pe marginea paharului se aseaza frigarui de lamaie si zmeura feliate.
g) Bucurați-vă de limonada de zmeură Chai!

85. Chai Cooler

INGREDIENTE:
- ¾ cană de chai, răcit
- ¾ cană lapte de soia vanilat, răcit
- 2 linguri concentrat de suc de mere congelat, decongelat
- ½ banană, feliată și congelată

INSTRUCȚIUNI:
a) Într-un blender, combinați chai, laptele de soia, concentratul de suc de mere și banana.
b) Se amestecă până când este omogen și cremos.
c) Serviți imediat.

86.Ceai de șofran și trandafir persan

INGREDIENTE:
- ½ linguriță șuvițe de șofran, plus suplimentar pentru ornat
- 1½ uncie petale de trandafir roz, plus suplimentar pentru ornat
- 4 bucăți de anason stelat, plus un plus pentru ornat
- 4 păstăi de cardamom verde, ușor zdrobite
- 4 lingurite miere
- 2 lingurite suc de lamaie

INSTRUCȚIUNI:
a) Într-o cratiță, fierbeți șuvițele de șofran, petalele de trandafir, anasonul stelat și păstăile de cardamom cu 5 căni de apă.
b) Se strecoară în 6 pahare. Se amestecă 1 linguriță de miere și ½ linguriță de suc de lămâie în fiecare pahar.
c) Se ornează cu câteva fire de șofran, petale de trandafir și anason stelat și se servește fierbinte.

87. Mocktail de ceai picant Baklava

INGREDIENTE:

- 1 cană ceai tare de musetel preparat, răcit
- 1 lingura miere sau sirop simplu (adaptati dupa gust)
- ¼ lingurita de scortisoara macinata
- ¼ lingurita extract de vanilie
- 2 linguri fistic tocat (pentru garnitura)
- Gheata zdrobita
- Roțiu de lămâie (pentru bordarea paharului)
- nuci tocate (pentru garnitura)

INSTRUCȚIUNI:

a) Preparați o ceașcă de ceai de mușețel și lăsați-o să se răcească la frigider.
b) Într-un vas puțin adânc, amestecați o cantitate mică de scorțișoară măcinată și zahăr. Ridicați paharul cu o felie de lămâie, apoi scufundați-l în amestecul de scorțișoară și zahăr pentru a acoperi marginea.
c) Umpleți paharul cu gheață pisată.
d) Într-un shaker, combinați ceaiul de mușețel răcit, mierea sau siropul simplu, scorțișoara măcinată și extractul de vanilie. Se agită bine pentru a se combina.
e) Se strecoară amestecul în paharul pregătit peste gheața pisată.
f) Se ornează mocktail-ul cu fistic tocat și deasupra o stropire de nucă mărunțită.
g) Opțional, puteți adăuga o răsucire de lămâie pentru o explozie suplimentară de aromă.
h) Amestecați ușor înainte de a sorbit și bucurați-vă de Baklava Bliss Mocktail!

88. Ceai de piper roz

INGREDIENTE:

- 1 lingură boabe de piper roz, zdrobite
- 3½ uncii de zahăr
- 4 linguriţe de frunze de ceai Darjeeling
- 8 crengute frunze de menta proaspata

INSTRUCŢIUNI:

a) Într-o cratiţă, combinaţi boabele de piper cu zahărul şi 4 uncii de apă.
b) Se fierbe timp de 6 minute.
c) Se strecoară amestecul într-o altă cratiţă, se adaugă 4 căni de apă şi se aduce la fierbere.
d) Adăugaţi frunzele de ceai şi frunzele de mentă şi fierbeţi timp de 1 minut.
e) Se strecoară ceaiul în 4 căni.

89.Mocktail de lămâie și ceai

INGREDIENTE:
- 2 căni de ceai negru tare preparat, răcit
- ¼ cană suc proaspăt de lămâie
- 2 linguri miere
- ½ linguriță coaja de lămâie rasă
- ¼ de linguriță cardamom măcinat
- Cuburi de gheata
- Club sifon
- Felii de lime pentru ornat

INSTRUCȚIUNI:
a) Într-un ulcior, combinați ceaiul negru preparat răcit, sucul proaspăt de lămâie, mierea, coaja de lămâie și cardamomul măcinat.
b) Se amestecă bine până când mierea se dizolvă complet, iar aromele sunt infuzate.
c) Umpleți pahare cu cuburi de gheață și turnați amestecul de ceai-lamaie peste gheață, lăsând puțin spațiu în partea de sus.
d) Completați fiecare pahar cu sifon pentru un finisaj spumant.
e) Se ornează cu felii de lime pentru o prezentare vibrantă.
f) Amestecați ușor pentru a amesteca aromele.
g) Bucurați-vă de Mocktail-ul Arabian Lime și ceai ca un răsfăț revitalizant.

90.Chai Tango condimentat

INGREDIENTE:
- 2 căni de ceai chai tare preparat
- ½ linguriță de ghimbir măcinat
- ¼ de linguriță cardamom măcinat
- ¼ lingurita de scortisoara macinata
- 2 linguri miere
- Cuburi de gheata
- Felii de lămâie pentru decor

INSTRUCȚIUNI:
a) Preparați ceai chai, făcându-l puternic.
b) Într-un castron, amestecați ceaiul chai preparat cu ghimbir măcinat, cardamom măcinat, scorțișoară măcinată și miere.
c) Se amestecă bine până când condimentele sunt complet încorporate.
d) Umpleți paharele cu cuburi de gheață.
e) Turnați amestecul de chai condimentat peste gheață.
f) Se ornează cu felii de lămâie.

91.Ceai de melasa de portocale si rodie

INGREDIENTE:
- 100 ml suc proaspăt de portocale
- 200 ml apă sodă
- ½ lingură melasă de rodie
- Ceai cu gheață proaspăt preparat (opțional)
- Cuburi de gheata (optional)

INSTRUCȚIUNI:
a) Într-un pahar, turnați suc proaspăt de portocale și melasă de rodie.
b) Dacă doriți, adăugați un strop de ceai cu gheață proaspăt preparat pentru un strat suplimentar de aromă.
c) Amestecați ingredientele pentru a amesteca aromele.
d) Dacă aveți cuburi de gheață, adăugați câteva pentru a spori factorul de răcire.
e) Bea-ți Mocktailul de ceai cu gheață de portocale și rodie printr-un pai și savurează gustul răcoros și vibrant.
f) Bucurați-vă de simplitatea acestei băuturi răcoritoare - perfectă pentru o zi fierbinte de vară!

92. Mușețel Citrus Bliss

INGREDIENTE:

- 2 cani de ceai de musetel preparat, racit
- ½ cană suc de portocale
- 1 lingura miere
- Felii subtiri de portocala pentru decor
- Cuburi de gheata
- Flori proaspete de mușețel pentru decor (opțional)
- Opțional: baton de scorțișoară

INSTRUCȚIUNI:

a) Într-un castron, combinați ceaiul de mușețel răcit, sucul de portocale și mierea, amestecând până se amestecă bine.
b) Umpleți două pahare cu cuburi de gheață și turnați Mușețelul Citrus Serenity peste gheață.
c) Dacă doriți, adăugați un baton de scorțișoară opțional pentru o notă de căldură și condiment.
d) Ornează fiecare pahar cu felii subțiri de portocale și, dacă sunt disponibile, flori proaspete de mușețel pentru o prezentare încântătoare.
e) Amestecați ușor și savurați combinația liniștitoare de mușețel și citrice din acest musetel Citrus Serenity.

93. Hibiscus-ghimbir pe stânci

INGREDIENTE:
- 1½ uncie de flori uscate de hibiscus sau măceș
- 2 cuișoare
- 1 lingurita zahar brun
- 1 lingurita frunze de ceai verde
- 2 lingurite coaja proaspata de portocala
- 2 bucati de ghimbir proaspat, ras fin
- gheață

INSTRUCȚIUNI:

a) Într-o oală sau cratiță, combinați florile de hibiscus, cuișoarele și zahărul brun cu 1 litru de apă și fierbeți la foc moderat.
b) Se fierbe 5 minute până se dizolvă zahărul.
c) Adăugați frunzele de ceai, coaja de portocală și ghimbirul.
d) Luați de pe foc și lăsați ceaiul să se răcească. Se strecoară și se dă la frigider până se răcește.
e) Turnați ceaiul răcit în 4 pahare și serviți peste gheață.

94. Ceai cu gheață din struguri și hibiscus Mocktail

INGREDIENTE:
- 1 cană suc de struguri albi
- 1 cană ceai de hibiscus
- Cuburi de gheata
- ½ cană apă carbogazoasă
- Felii de portocală pentru decor

INSTRUCȚIUNI:
a) Se amestecă sucul de struguri albi în ceaiul de hibiscus până se combină bine.
b) Turnați amestecul peste gheață în 2 pahare mari.
c) Turnați apa carbogazoasă în fiecare pahar pentru a adăuga un element gazos la mocktail.
d) Ornează fiecare pahar cu felii de portocală proaspătă.
e) Amestecați ușor înainte de a sorbit și bucurați-vă de aromele vibrante ale acestui Mocktail de ceai cu gheață cu struguri și hibiscus.

95.Ceai cu gheață cu flori de portocal

INGREDIENTE:
- 4 pliculete de ceai negru
- 4 căni de apă fierbinte
- ¼ cană apă cu floare de portocal
- Zahăr sau miere (ajustați după gust)
- Cuburi de gheata
- Felii de portocală pentru decor

INSTRUCȚIUNI:
a) Puneti pliculete de ceai negru in apa fierbinte aproximativ 3-5 minute.
b) Adăugați apă de floare de portocal și îndulciți cu zahăr sau miere.
c) Se amestecă bine și se lasă ceaiul să se răcească, apoi se dă la frigider.
d) Serviți peste cuburi de gheață, ornat cu felii de portocală.

96. Jasmin Jallab

INGREDIENTE:

- 6 linguri sirop de curmale (silan sau miere de curmale)
- 6 linguri melasa de struguri
- 6 linguri sirop de rodie (sau grenadina)
- 3 lingurite apa de trandafiri
- Gheata zdrobita
- 3 linguri de nuci de pin (crude), pentru servire
- 3 linguri stafide aurii, pentru servire
- 1 pliculeț de ceai de iasomie

INSTRUCȚIUNI:

a) Într-o carafă, amestecați siropul de curmale, melasa de struguri, siropul de rodie și apa de trandafiri.
b) Adăugați apă rece la amestec și amestecați bine pentru a se combina.
c) Puneți un pliculeț de ceai de iasomie în amestec și lăsați-l să se infuzeze.
d) Umpleți pahare individuale cu gheață pisată.
e) Turnați amestecul de Jallab peste gheața din fiecare pahar.
f) Acoperiți fiecare pahar cu nuci de pin crude.
g) Opțional, rehidratați stafidele aurii punându-le într-un castron mic cu o pliculețe de ceai de iasomie. Se toarnă apă clocotită peste și se lasă să stea 5-10 minute. Scurgeți și completați băutura Jallab cu stafide.
h) Serviți imediat și bucurați-vă de aromele autentice de Jallab, un adevărat gust al ospitalității levantine. Noroc!

97.Reîmprospătare cu ceai beduin egiptean

INGREDIENTE:
- 4 lingurițe de ceai beduin (sau cimbru uscat sau salvie uscată)
- 4 lingurițe de muguri de trandafir organici uscați
- 1 baton de scortisoara
- 4 lingurițe de ceai negru în vrac (obișnuit sau decofeinizat)
- Zahăr, dacă se dorește
- Felii de lămâie pentru garnitură (opțional)

INSTRUCȚIUNI:
a) Într-un ceainic sau o cratiță, încălziți 4½ căni de apă, ceai beduin, muguri de trandafiri uscați, baton de scorțișoară și ceai negru vrac la foc mare.
b) După ce apa fierbe, reduceți focul la mic și fierbeți timp de 5 minute.
c) Opriți focul și înmuiați ceaiul, acoperit, încă 5 minute.
d) Se strecoară ceaiul în căni, permițând amestecului aromat să umple aerul.
e) Îndulciți cu zahăr, dacă doriți, adaptându-vă la nivelul preferat de dulceață.
f) Ornează fiecare pahar cu o felie de lămâie
g) Pentru o răsucire răcoritoare, lăsați ceaiul să se răcească și serviți peste gheață.

98. Mocktail de ceai inspirat de Vimto

INGREDIENTE:

- 2 căni de ceai negru arab puternic, preparat
- ½ cană concentrat Vimto (ajustați după gust)
- 1 lingură miere sau zahăr (ajustați după gust)
- ¼ lingurita de scortisoara macinata
- Cuburi de gheata
- Fructe de pădure proaspete (cum ar fi murele și zmeura) pentru garnitură
- Frunze de menta pentru decor

INSTRUCȚIUNI:

a) Pregătiți o ceașcă puternică de ceai negru arab. Puteți folosi frunze de ceai în vrac sau pliculețe de ceai după preferință.
b) Într-un ulcior, combinați ceaiul negru preparat cu concentrat Vimto, miere sau zahăr și scorțișoară măcinată.
c) Amestecați bine pentru a vă asigura că îndulcitorul este complet dizolvat.
d) Lăsați amestecul să se răcească la temperatura camerei și apoi dați la frigider pentru cel puțin o oră pentru a se răci și lăsați aromele să se topească.
e) Umpleți paharele de servire cu cuburi de gheață.
f) Turnați mocktail-ul de ceai inspirat de Vimto peste gheața din fiecare pahar.
g) Adăugați o mână de fructe de pădure proaspete în fiecare pahar pentru o explozie de bunătate fructată.
h) Se ornează cu frunze de mentă pentru o aromă răcoritoare.
i) Amestecați ușor pentru a amesteca aromele și pentru a asigura o distribuție uniformă a bunătății Vimto.

99. Ceai de mentă și șofran în stil arab

INGREDIENTE:
- O mână de frunze de mentă proaspătă
- Câteva fire de șofran
- 360-480 ml apă
- Zahăr sau miere (opțional, după gust)

INSTRUCȚIUNI:
a) Puneți frunzele proaspete de mentă și șofranul într-o oală sau ceainic.
b) Fierbe apa separat si adauga 120 ml apa fierbinte in oala cu menta si sofran. Închideți oala și lăsați-o la infuzat aproximativ 10 minute.
c) După ce s-a înmuiat, adăugați în oală apa fierbinte rămasă.
d) Turnați ceaiul direct în pahare sau căni. Opțional, îl puteți strecura pentru o textură mai fină.
e) Adăugați miere sau zahăr în funcție de preferințele dvs. de gust. Se amestecă bine pentru a se dizolva.
f) Dacă faceți o ceașcă individuală, puteți simplifica procesul turnând apă fierbinte direct în ceașcă cu mentă și șofran.

100. tibetan de unt cu fenicul

INGREDIENTE:
- 3 linguri frunze de ceai negru
- 1 lingura seminte de fenicul
- 8 uncii sare de lapte integral, după gust
- 8 uncii unt nesarat

INSTRUCȚIUNI:
a) Fierbeți 6½ căni de apă într-o cratiță.
b) Adăugați frunzele de ceai și semințele de fenicul și fierbeți timp de 15 minute.
c) Adăugați laptele și aduceți-l din nou la fiert.
d) Scoateți și lăsați la macerat timp de 2 minute.
e) Se strecoară ceaiul într-un recipient mare, se adaugă sarea și untul și se amestecă bine.

CONCLUZIE

Pe măsură ce încheiem călătoria noastră aromatică prin „Cartea completă a Chai", sperăm că ați experimentat bucuria de a crea, de a degusta și de a îmbrățișa stilul de viață chai. Fiecare rețetă din aceste pagini este o sărbătoare a diverselor arome, tradiții culturale și versatilitate pe care le aduce chai-ul în ceașcă - o dovadă a posibilităților încântătoare pe care le oferă această băutură condimentată.

Indiferent dacă ați savurat simplitatea unui masala chai clasic, ați îmbrățișat deserturile creative cu infuzare de chai sau ați experimentat mâncăruri delicioase inspirate de chai, avem încredere că aceste rețete v-au aprins pasiunea pentru stilul de viață chai. Dincolo de ceainic și condimente, conceptul de a îmbrățișa stilul de viață chai să devină o sursă de relaxare, conexiune și o sărbătoare a bucuriei care vine la fiecare înghițitură.

Pe măsură ce continuați să explorați lumea chai, „CARTEA COMPLETĂ A CHAI" poate fi partenerul dumneavoastră de încredere, ghidându-vă printr-o varietate de rețete care prezintă bogăția și versatilitatea acestei băuturi îndrăgite. Iată că savurați căldura reconfortantă a chaiului, creați creații încântătoare și îmbrățișați stilul de viață chai cu fiecare moment aromat. Noroc Chai!

www.ingramcontent.com/pod-product-compliance
Lightning Source LLC
Chambersburg PA
CBHW071321110526
44591CB00010B/976